大智度論の物語㈢

渡辺章悟

第三文明選書24

＊本書はレグルス文庫232『大智度論の物語㈢』（初版第一刷、二〇〇一年六月、第三文明社）を底本とし、増補・改訂したものです。一部の表記を統一し、振り仮名をふやしました。（編集部）

装幀／クリエイティブ・コンセプト

『大智度論の物語㈢』の発刊に寄せて

三枝充悳

或る種の宗教哲学の研究を志して、私が東京大学（旧制）文学部哲学科に入学したのは、昭和二十二（一九四七）年四月、いまから五十余年もむかしのことになる。

少年のころ、生まれ故郷静岡市のメソジスト教会の日曜学校に毎日曜欠かさず通い、上京して旧制第一高等学校生のころには幾度か本郷教会や青山教会に出かけて、牧師や学者の人々の説教や講演を聴いて、キリスト教にはかなり馴染んではいたものの、もともと開業医の家に生まれた私は、仏教に関しては、皆目無知であった。

東大入学当初、毎日イモをかじりスイトンをする生活ではあったが、知識欲はすこぶる旺盛で、さまざまな講義や演習に臆することなく出席した。そのなかに宮本正尊《しょうそん》先生のナーガールジュナ（龍樹）『中論』講読とその註釈書『プラサンナパダー』演習とがあり、そのなかに説かれる「縁起―空《くう》」の思想に鮮烈な印象を受け、深遠な魅力に惹きこまれて、とうとう三年間の課程をしめくくる卒業論文には「『中論』の研究」約六百枚を完成させた。

昭和二十五年、東大大学院に進み、宮本先生をはじめ何人かの御指導や御後援を頂戴した先生方から、同じく龍樹の著書とされる『大智度論』（百巻）の研究に着手するよう奨められた。

鳩摩羅什《くまらじゅう》訳『大智度論』にはじめて向かい合ったのは、こうして東大大学院進学のころに遡る。『大正新脩大蔵経《しんしゅうだいぞうきょう》』（以下『大正』）はその時代の私には遠いところにあり（当時はまだコピーなどは存在していなかった）、『国訳大蔵経』の山上曹源《そうげん》訳と『国訳一切経』の真野正順《しょうじゅん》訳とに書き下し文が載せられているのを入手して、それを連日数ページないし十数ページずつ読んでゆくのが日課となった。

このようにして日々『大智度論』を読み進めながら、①論のなかの思想・内容などから重要と思われる文章を、かたっぱしからルーズリーフに書き移し、同時に、②論のなかのいわゆる「物語」のたぐいを、リポート用紙にそのまま記した。その間、週に一度、大学に出ては印度哲学研究室の『大正』と照合したことなども、いまぼんやりと想い出される。

およそ二年間を過ぎて右の手順をふんでようやく『大智度論』を読了したころ、右の二種類の書き抜きはともにずいぶん多くの枚数に達していて、合わせてつみあげると、それぞれ私の身長(一七〇センチメートル)ほどになった。

右の②には一種の目次に類したものを作成し、それは百ページに近い冊子となっている。

その間に、昭和二十六年に日本印度学仏教学会が創設され、私は右の『大智度論』研究にもとづいて、数回の研究発表を行ない、それらを数編の論文にしあげて『印度学仏教学研究』に掲載した。のちには拙著『龍樹・親鸞ノート』（法蔵館刊）にまとめて転載した。

五年間の大学院を満期修了して東大文学部助手となり、その助手の任期もそろそろ満期を迎えた一九五九～六二年に、幸いドイツのフンボルト奨学金を受けて、ミュンヘン大学に学ぶこととなった。そこでひょんなことから学位論文に挑戦することになり、再び『大智度論』を取りだして、それを更《あらた》めて丹念に読んで資料を集め構想を練り、留学の五学期（二年半）目にようやく『大智度論の研究』〈Studien zum Mahāprajñāpāramitā（upadeśa）śāstra〉というドイツ語の論文をしあげて、口述試験も無事パスし、ドイツの学位（Dr. phil.）をいただいた。この論文は一九六九年に東京の北星堂より二四〇ページの単行本として刊行した。

帰国して、國學院大学文学部哲学科に大学教員の職を得たのちに、ときおり気ままな雑文や論文を書いているころ、当時の月刊誌『心』から、連載執筆の依頼を受けて、何気なく始めた仕事が、右の②にもとづく『大智度論』の「物語」の現代語訳であった。

そのときはすでに『大正』を手許に購入してあったので、むかし右の②に作成した「物語」の目次をひろげながら、『大正』から直接に口語訳をしあげてゆき、やがてそれがまとまって「レグルス文庫」に収められることとなった。

すなわち『心』の連載の十三回分が『大智度論の物語』㈠となったのが一九七三年、やがて㈡の出版を迎えたのが一九七七年である。

『大智度論』百巻のうち、右の㈡でその巻十六までを終了したのみであったので、当然その続篇が周囲から望まれ期待されたが、そのころ私の研究はしばらく龍樹を離れており、釈尊ないし仏教創始期の研究に集注するようになっていたために、ついついこの続篇は放置したままになった。

仄《ほの》かな記憶を辿ってみると、およそ十年あまりまえに、般若経研究を本格的に進めている渡辺章悟君（東洋大学助教授）と出会い、それから二、三年して、右の放置されたままの『大智度論の物語』現代語訳の公刊の続行をお願いした。

ここにようやくそれが叶えられて、同書の㈢が（そしておそらくそれ以降も）刊行されることになったのを、途中までで放置しておいた私としては、このうえない悦びを感ずる。

そして拙訳の㈠と㈡とに引きつづき、このインドのむかしの（しかし人情その他はいまもほとんど変わっていない）おもしろい物語を、飽きることなく読んでくださる読者の皆様に、心からの御礼を申しあげたいと思う。

五十余年の長い研究生活をふりかえりながら、いろいろの感慨にひたり、いまここに以上の駄文を草して、今次の訳者の渡辺君にバトンタッチする。

二〇〇一年四月十八日

まえがき

三枝充悳著『大智度論の物語』㈠および㈡が刊行されてから、十数年程経って、三枝先生からこの物語の続きをやってみないかとの慫慂《しょうよう》を受けた。大智度論研究を学位論文にした先生の後を続けるのは、やや気後れしたが、その当時は般若経の文献研究に没頭していた頃でもあり、般若経の註釈でもある『大智度論』は、すでにざっと読んではいたので簡単な気持ちで喜んでお引き受けした。

しかし、筆者の生来の怠惰と昨今の多忙にまぎれ、何度も仕事を中断せざるをえなかった。こうして、筆者は長い間先生の期待に応えることができずにいた。その間、三枝先生は次々と著書を上梓され、それらの恵送を受ける度に、忸怩《じくじ》たる思いを重ねていた。

今回ようやく本書の公刊に漕ぎ着けたのは、三枝先生がこんな筆者に呆《あき》れることなく、温かく見守ってくださったことと、また先生ご自身は意識されていないかも知れないが、何年経っても変わることのない日頃の研究に対する真摯《しんし》な姿勢が、ややもすると日常に埋没《まいぼつ》する筆者の「模範」となり続けていることによるのだと勝手に考えている。

本書の規範については、すべて前著『大智度論の物語』(一)(二)を踏襲《とうしゅう》した。前著に示された凡例を次に記します。

(1)『大智度論』を材料にして、「物語」の類を拾って行きます。テクストは『大正新脩大蔵経』第二十五巻所収のものによりますが、同本で二〜三行の短いものは除き、ある程度まとまったものを扱います。
(2)漢文からのかなり自由な口語訳ですが、どんな語も句も省略しません。
(3)煩雑な字句の照合は省きます(『大蔵経』の下註の語による場合もあります)。
(4)地名・人名などの固有名詞の漢字はそのままにして、カッコ内にサンスクリットを入れます（まれにパーリ語のこともあります）。
(5)アラカン（Arhat 阿羅漢、尊敬に値する聖者）、ボサツ（Bodhisattva 菩薩、仏になる候補者）、ネハン（nirvāṇa 煩悩をほろぼし、さとりに達した安らぎの境地）などは、カナ書きにします。
(6)以下それぞれの番号とタイトルは私が勝手に名づけたものです（そのうちゴータマ・ブッダが、仏とあったり、世尊とあったり、ときには菩薩とあったりしますので、各タイトルだけはブッダで統一します）。
なお次の略号を使いました。

干潟本……干潟龍祥《ひかたりゅうしょう》『本生経類の思想史的研究』（昭和二十九年、東洋文庫刊）の「附篇」八〇〜八六ページ。

平川本……中村元《はじめ》編『仏典Ⅰ』（世界古典文学全集6、昭和四十一年、筑摩書房）所収の「原始経典C本生話（ジャータカ）」平川彰《あきら》訳。

ラモット本……Étienne Lamotte, *Le Traité de la Grande Vertu de Sagesse de Nāgārjuna*

(*Mahāprajñāpāramitāśāstra*), Louvain, Tome I ~ V, 1944, 1949, 1970, 1976, 1980.

（本書ではその第二～五冊目を参照しました。）

大正蔵経の異読については次の三つの略号を使いました。

三本……大正蔵の校訂に用いられた宋本、元本、明本。

石本……石山寺所蔵の天平写本。

宮本……宮内庁図書寮《ずしょりょう》本で、旧宋本（一一〇四～一一四八年編）。

なお、前著㈠㈡出版の後に刊行された研究書としては、梶山雄一・赤松明彦共訳『大智度論』（大乗仏典〈中国・日本編〉1、中央公論社、一九八九）があるので、ここに付加しておきます。

『大智度論』は「大品般若《だいぼんはんにゃ》」と略称される『摩訶般若波羅蜜経《まかはんにゃはらみつきょう》』（九〇品二十七巻）の註釈で、全部で一〇〇巻からなる大部の仏典です。このうち前半の三十四巻は『大品般若』初品に対する註釈で、訳者クマーラジーヴァ（鳩摩羅什《くまらじゅう》）によれば、「秦人簡を好むが故に」『大品般若』第二品から最後の第九〇品までの註釈を抄訳して、本書（大智度論）の残りの六十六巻に収めたとされています。（詳細については、『大智度論の物語（一）』の「まえがき」（三枝充悳）をご参照ください。）

そのために、前掲フランス語訳（五巻）を成し遂げた故E・ラモット教授も、初品の註釈分に相当する三十四巻までを行なって、後の仏訳は省略しています。初品までの註釈で全体の三分の一を超える分量になっていることを考えても、註釈文献の役割としてはこれで充分と考えたのでしょうが、これは冒頭部分を重視するインドの伝統を継承しているということにもなります。

最後になりましたが、本書に挿画を書いてくださった妹尾かほる氏と、編集に際してご苦労をおかけした第三文明社の方々に、甚深の謝意を表します。

二〇〇一年三月

渡辺章悟

新装再版に際して

最初に本書が刊行されてから、すでに二十年余り経ちます。出版当時は大学の教務や研究などに追われ、十分に内容を検討する余裕もありませんでした。

このたび編集部から本書を新装再版したいというお申し出があり、ついては本書の校正、改訂を行ってほしいという要望がありました。そこで改めて原本を読み直すと、語彙や多くの修正すべき点があり、そのままの再版では十分ではないと判断しました。

また、本書は原稿の量が決まっていて、E・ラモットのフランス語訳『大智度論』第五巻（最終巻）の中で完結することを目指したため、多くの掲載すべき物語を削除せざるを得ませんでした。

そこで今回、編集担当氏の同意を得て、いくつかの物語を修正、補充し、さらに新たに七つの物語を書き加えることになりました。筆者としては本書の内容がかなり修正・改善できたのではないかと考えています。

今回の再編集については、第三文明社の皆様に大変お世話になりました。ここに心より感謝申し上げます。

二〇二二年十一月二十五日

渡辺章悟

大智度論の物語㊂――もくじ

イラスト／妹尾かほる
本文レイアウト／デジタルワークス・アイヴィエス

大智度論の物語㈢

176 禅定の働き

転輪聖王《てんりんじょうおう》は人々に十の善行を教え、生まれ変わった後の世においても、すべての人を天上の世界に生まれさせ、各世において生あるものを利益に導き、安楽を与えます。しかし、その安楽は無常であって、還《かえ》ってまた苦しみを受けることになります。ボサツはこのことから大いなる悲しみの心を起こし、恒常で安楽なネハン（涅槃）によって、生あるものを利益に導こうとするのです。

この恒常で安楽なネハンは、真実の智慧から生まれます。その真実の智慧は一つの対象に集中する禅定《ぜんじょう》から生まれます。それはたとえば灯明《とうみょう》を点《つ》ける際と同様です。灯明はよく照明するけれども、強風の中では使用することができませんが、もしこれを密室に置けば、その働きは十全になるようなものです。散漫《さんまん》な心における智慧もまた同様です。もし禅定のための静かな室がないならば、(たとえその人に)智慧があるとしてもその働きは十分ではありません。しかし禅定に入れば、たちまち真実の智慧が生まれるのです。

したがって、ボサツは生あるものを離れて、(雑踏から)遠く静かな所で禅定することを求めるのですが、その禅定が清浄《しょうじょう》であることから、智慧もまた清らかなのです。それはたとえば、油の芯が浄らかなために、その明かりもまた明浄であるようなものです。このような理由で、浄らかな智慧を得ようとする者は、この禅定を行なうのです。

(巻十七、大正一八〇ページ下段)

177　禅定の功徳を讃える偈頌《げじゅ》

禅は智を守る蔵であって、功徳を持った福田《ふくでん》です。

禅は清浄な水であって、欲望という塵《ちり》をよく洗います。

禅は金剛《こんごう》の鎧《よろい》（vajravarman）であって、煩悩という矢をよく遮《さえぎ》ります。

（禅を行なう者は）未だ完全なネハンを得てはいないが、ネハンの分与をすでに得ています。

（禅定の一つである）金剛三昧[*1]（vajropamasamādhi）を得ることによって、結使《けっし》（煩悩）の山を粉砕《ふんさい》し、六つの神通力[*2]を得て、量り知れない多くの人を（悟りの岸辺に）渡します。

多量の塵（囂塵《ごうじん》）が天空の太陽を蔽《おお》うけれども、大雨はよくこの塵を淹《おお》い（洗い

流し）ます。

対象を精粗《せいそ》に考察すること（vitarka-vicāra 覚観）によって生じた風は心を散漫にするけれども、禅定はよくこの乱れを消滅させます。

（巻十七、大正一八〇ページ下段）

＊1　修行者が有頂（bhavāgra）の最後にすべての煩悩を断じて、究極の境地を得る三昧とされ、アビダルマではこの三昧の直後に尽智を生じ阿羅漢果を得て無学道の聖者となるという。また、この三昧は金剛（金剛石あるいは稲妻）がすべての煩悩をうち砕くことに喩えて金剛喩定ともいわれる。釈迦牟尼仏は第四静慮においてこの定によって漏を尽くし、無上の菩提を証したとされる。

＊2　神足、天眼、天耳、他心、宿命、漏尽の六つの超自然的力。

178　魔王の三女がブッダの坐禅を妨害しようとした

ブッダがバンヤンの樹（nyagrodha 尼拘盧樹《にくろじゅ》）の下で坐禅されていたときのことです。魔王の三女（tṛṣṇā 渴愛《かつあい》）が、次のような偈頌《げじゅ》によって質問しました。

（ブッダは）たった一人で林間の樹々の間に坐り、六つの感覚器官は常に鎮《しず》まっているようです。

あるいは貴重な宝を失い、助ける者とてなく、苦痛に悲しんでいるようでもあります。

その表情は世に較べるものがなく、しかも常に目を閉じて坐っています。

私たちの心には、ブッダは一体何を求めてここに留まっておられるのか、という疑問がおこるのです。

その時、ブッダは次のような偈頌によってお答えになりました。

私はネハンという解脱の味を得て、愛欲にとどまることを楽しみません。（自己の）内外の迷妄《めいもう》をすでに除去し、あなたの父（による誘惑）も退けました。私は解脱《げだつ》の味わい（amṛta-rasa 甘露味《かんろみ》）を得て、安楽になって林の間に坐っているのです。

愛執《あいしゅう》にとらわれた衆生がいる。私は彼らのために悲《かな》しみの心を起こすのです。

（ブッダが）こう述べられた時、三女は自らの心に恥じ入り、次のように説いたのです、「この方は欲望を離れ、（誘惑に）動じない境地におられます」と。こう言って即座に姿を消し去りました。

（巻十七、大正一八〇ページ下段〜一八一ページ上段。『大智度論の物語㈡』148「ブッダが魔女をしりぞける」に続く。本来の出典は「相応部」Ⅳ、第三章15）

179 山の神が女人となって旅の商人の欲望を試《ため》す*1

ある在俗の信者（優婆塞《うばそく》）が、多くの旅商人とともに遠くに出かけて生活していました。ある時、寒い雪の夜に（旅を）強行して同行者とはぐれ、ようやくある石窟《せっくつ》に避難しました。その時に山の神が変身して一人の女性になり、（石窟に）やってきて、彼を試そうとして、次のような偈頌を説きました。

白い雪が山地を覆《おお》い、鳥や獣さえもみな隠れてしまいました。
私はたった独りで頼る者もありません。どうか私を慰めてください。

優婆塞は両手で耳をふさぎ、次のような偈頌で答えました。

邪《よこしま》なことを羞《は》じない（無羞弊悪《むしゅうへいあく》）人が、そのような不浄の言葉を説くのです。たとえ水上に漂流し、火に焼け尽くされても、あなたのそのような声を聞きたくはありません。

婦人がいても心に欲することはありません。ましてや、邪な淫行《いんこう》を行なうはずはないではありませんか。

欲望による快楽は非常に浅く、大きな苦しみの患《わずら》いは非常に深いのです。

欲望は手に入れても満足することがなく、失えば大いなる苦しみとなります。

手に入らなければ、どうしても欲しくなり、手に入れれば（それを失うまいとして）また悩まされます。

欲望による快楽は非常に少なく、憂《うれ》いからくる苦悩の害毒は非常に多いのです。

欲望のために命を失うことは、蛾が灯火に向かって飛び込んでゆくようなものです。

山の神はこの偈《げ》を聞き終わると、たちまちこの人を捧げ持って、同行者のところに送っていきました。このことは欲望を受け容れるべきでないことを智者たちに注意しているのです。

（巻十七、大正一八一ページ上～中段）

＊1　『経律異相』三十七巻（大正五十三、№2121、二〇〇ページ中段）に、「出智度論第十七巻」として採録されている。

180　色欲の炎は人身を焼く

もし人が色欲に執著すれば、もろもろの煩悩（結使《けっし》）の炎が熾《さか》んに燃え立って人身を焼き尽くします。このことは火が金銀を焼くようなものです。煮えたぎった熱い蜜《みつ》湯《とう》には、（おいしそうな）色と味があるけれども、それは身を焼き、口を爛《ただ》れさせることになるから、すぐにこれを棄てるべきです。このように人が妙なる色や美しい味に執著するのも、またこれと同じなのです。

また次に、人間には好き嫌いがあります。また、色は定まったものではありません。何によってこのことを知ったらよいのかといいますと、好きな人を遠くから見ると、喜《よろこ》びや愛《あい》の心が生まれ、敵対する人を遠くから見ると、怒りや敵意の心が生まれ、そのどちらでもない中間の人を見ると、怒ることも喜ぶこともないようなものです。もしこの喜びと怒りを棄てたいと欲するならば、邪念、および色（欲）を除去して、同時に両者を棄てるべきです。

たとえば、それは洋金〔煮えたぎる金〕が身体を焼くことになるようなものです。もし（この熱を）除きたいと思って、ただ火だけを棄てようとしても、金を留めることなどできません。要するに金と火の両方ともに棄てるべきなのです。

頻婆娑羅王《びんばしゃらおう》（Bimbisāra）は、色欲のために自ら敵国に入り、婬女の阿梵婆羅《あぼんばら》（Āmrapālī）の房中に一人でいました。憂塡王《うてんおう》（Udayana）は色（欲への汚）染のために、五百人の仙人の手足を截《き》ってしまいました。このような種々の因縁は、色欲に対する警告と名づけられるものです。

どのように声（に対する欲望）を咎《とが》めるのか（といいますと）、声の特徴は停《とど》まらず、しばらく聞こえて、すぐに滅してしまうものです。愚癡《ぐち》の人は無常にして変化し消滅するという声の特質を解することができないために、音声について妄《みだ》りに好みや楽しみを生じて、すでに過ぎ去った声について思念し、それに執著を生じてしまいます。

（巻十七、大正一八一ページ中段）

＊『翻梵語』五巻（大正五十四、一〇一七ページ下段）によれば、阿を非（a）とし、梵婆羅を浄護（Pāla）と訳したものとする。アームラパーリーの逸話は『長阿含』「遊行経」（大正一、十三ページ中段〜十四ページ下段）や『律蔵』「五分律」「四分律」「根本説一切有部律」などに伝えられる。

181　キンナラ女と五百の仙人

五百人の仙人が、山中に住んでいました。そこにキンナラの女（kiṃnarī 甄陀羅女《けんだらにょ》）がヒマーラヤ山（雪山）の池の中で（歌いながら）水浴びをしていました。その歌声を聞いて（彼ら仙人は執著を起こし）、たちどころに禅定から失墜《しっつい》してしまいました。心は酩酊《めいてい》し、狂逸《きょういつ》にして自分を保つことができなかったのです。それはたとえれば、大風が吹いて林の樹木を揺れ動かすようなものです。キンナラの女が歌う細妙《さいみょう》で、柔軟な清らかな声を聞いて、それに邪《よこしま》な想いを生じたために（自分の）心が狂っているのを覚ることができなかったのです。彼らは今世にはもろもろの功徳を失い、後世にはきっと悪道に堕ちるでしょう。

（巻十七、大正一八一ページ中～下段）

182　大龍となった沙弥*1

一人のアラカンが常に龍宮に出入りしていました。龍宮で食事を終わって（帰ってから）、鉢を弟子の沙弥《しゃみ》（śrāmaṇera 見習僧）に洗わせていました。その沙弥が鉢のなかに残っていた数粒の残飯の臭いを嗅《か》ぐと、それは大変香《こう》ばしく、食べるとはなはだ美味《おい》しかった。そこで彼は一計を案じて師のベッド（縄床《じょうしょう》）の下に入り、両手でベッドの脚を握って待っていました。そして師が龍宮に至る時、ベッドとともに龍宮に入ったのです。

（それを見た）龍は「この者は未だ得度していないのに、どうして連れて来たのか」と言いました。（それに対して）師は「私はそのつもりではなかったのです」と答えました。（こうして）沙弥はこの龍宮の食事を食することになりました。また、彼は龍女の身体が端正《たんせい》にして、その香りが比べようもなく優美なのを見て、大いに執着心を起こし、「私は福徳を行なって（龍となり）、龍の住処を奪って、その宮殿に住めますように」と誓願《せいがん》を立てたのでした。

（一方、）龍は（アラカンに）「今後この沙弥を将《ひき》いて来てはいけません」と言いました。（しかし）沙弥は帰還してから一心に布施をし、戒を保ち、「願わくは早く龍とならん」とひたすら願い求めていました。ある時、寺を遶《めぐ》っていて、足もとから水が出て、自ら龍に作《な》ることを確信しました。径《ただ》ちに師がかつて入った大池の辺《あた》りに至って、袈裟《けさ》で頭を覆って入水しました。彼はすぐさま死して巨大な龍となりました。その福徳が大きかったため、彼はかの龍を殺してしまい、池全体が血で赤くなったのです。

まだこうなる前に、教団の師や僧たちは彼を叱責《しっせき》しましたが、沙弥は「私の心はす

でに定まっています。もうその兆しが出ています」と言っていました。そこで師は衆僧を将いて池に行き、（彼が入水するのを）観たのでした。このような因縁は、香りに執着したからなのです。

（巻十七、大正一八一ページ下段、干潟本「沙弥因縁」）

＊1 『衆経撰雑譬喩経』（大正四、No.208、五三三ページ下段～五三四上段）に同じ話が伝えられる。

183 香りへの欲を叱責《しっせき》する＊1

一人のビクがいて、林中の蓮華池の辺《ほとり》で経行《きょうぎょう》＊2していました。そこで蓮華の香りを嗅ぎ、その心は悦楽して、過《あやま》って心に愛着を生じました。池の神は彼に、「汝は、一体どうして、林の中＊3の禅定に適した浄らかな坐処を捨てて、私の香りを偸《ぬす》むのですか」と言いました。（それというのは）香りに執着するため、さまざまな潜勢的な煩悩がすべて生起するからです。

ある時、一人の者がやって来て、池のなかに入って多くの花を摘み取り、根や茎を掘り、引き抜き、さんざん散らかして去っていきましたが、池の神は黙して何も言いませんでした。

そこでビクは、「この人はあなたの池を破壊し、あなたの花を取ったのに、あなたはまったく何も言いません。（それに引き替え）私はただ池の岸辺に行っただけなのに、それを見てあなたは叱責し、私が香りを偸んだと言います」と、（不満を）述べました。

池の神は、「世間の悪人は常に罪垢《ざいく》という糞尿《ふんにょう》のなかにあって、不浄なものに頭を没しているので、私は彼らと語ることはできません。しかし、あなたは禅定を行ずる好《よ》き人でありながら、この香りに執着してあなたの好《よ》き事を破壊しています。だから私はあなたを叱責したのです。それはたとえば、白い毛氈《もうせん》が清らかであるのに、そこに黒い汚点があれば、皆が注目するようなものです。たとえば、かの悪人の場合は、黒い衣に墨を落としたとしても、だれも注目しないようなものです。誰がこれを詰問《きつもん》しましょうか」と言いました。このようなさまざまな因縁に対して、「香りへの欲を叱責する」と名づけるのです。

（巻十七、大正一八一ページ下段〜一八二ページ上段、干潟本「坐禅比丘盗香の話」）

＊1 *Padumapuppha* or *Pundarīkasutta*（『相応部』*Saṃyutta Nikāya*, I, p.204;『雑阿含』巻五十、大正二、三六九ページ上段〜中段）に相当する。

＊2 一定の場所をゆっくりと遶《めぐ》り、または往復すること。「きんひん」ともいう。もともと禅定して眠気を催すとき、それを防ぐため、運動したことに由来する。現在でも禅林などで行なわれている。

＊3 大正は「林下」とするが、宋・元・明の三本および宮本に従う。

184 味覚への欲を叱責する

いかに味（覚への欲）を叱責《しっせき》するのでしょうか。「私はただ美食に貪著《とんじゃく》することから、さまざまな苦しみを受けることになりました。溶けて満ち溢れる銅をもって口に灌《そそ》ぎ、熱く焼けた鉄の玉を噉《くら》うのです。もし（正しい）食事の作法を観ずることなく、貪りの心をもって強く執着すれば、不浄の虫（蛆虫《うじむし》）のなかに堕落することになるであろう」と自ら覚悟すべきです。

1．乳脂に執着した見習僧*1

一人の見習僧（śrāmaṇera 沙弥）がいました。彼は心中で常に乳脂《にゅうし》を愛し、在家の信者が僧に乳脂を布施する時、その残りをもらっていました。そのたび毎《ごと》に、心中に愛著を生じ、喜楽から離れることはありませんでした。そのため彼は命終《みょうじゅう》の後に、この残りの乳脂が入った瓶のなかに生まれました。

見習僧の師僧はアラカン道を得て、（他の）僧が乳脂を分ける時、「慎重にしなさい、この乳脂に愛着した見習僧を傷つけてはいけません」と語りました。他の僧たちは、「これは虫ではありませんか。どうしてあなたはこれを乳脂を愛した見習僧と言うのですか」と言いました。師僧はこれに対して、「この虫は、もともと私の弟子の見習僧でした。ただ坐って残りの乳脂を貪愛《とんあい》したために、この瓶のなかに生まれたのです」と答えました。

師僧が乳脂の分配にあずかると、この虫は瓶のなかにありながら近寄ってきました。師僧が「酪《らく》を愛する者よ、汝はどうして来たのか」と言い、乳脂をこの虫に与えました。（巻十七、大正一八二ページ上段、干潟本「愛酪沙弥、死して酪中の虫となる因縁」）

＊1　この話は『経律異相』巻二十二（大正五十三、一二二ページ中段）に「出大智度論第十七巻」として掲載されている。

2．美食に執着した王子＊2

月分（Candrabhāga）という名前の王がいて、その王子は美味《おい》しいものに愛着をもっていました。王の園を守る（管理）人は、彼のために毎日美味しい果物を（王宮に）送っていました。その園のなかに一本の大樹があり、その樹の上に鳥がいて、（親鳥は）子鳥を養育中でした。常に飛び回って、よい香りのする山中に至ると、香りの好い果物を取って、その雛鳥《ひなどり》に与えていました。（ある時）多くの雛鳥たちは（親鳥が持ってくる）餌を争って、果物一個が地に落ちてしまいました。園の管理人は早朝にそれを見つけて、それを常ならざる奇特なことと思い、すぐにこれを王に送ったのでした。

王はその果物の香りと、色つやがとくに優れていることを珍しく思いました。王子はそれを見てすぐに欲しがり、王もその子を愛していたのでそれを与えたのでした。王子はその果物を食べ、その匂いと味を堪能《たんのう》し、これに深く執着して、毎日欲しがりました。そこで、王は園の管理人を召して、その果物を入手した由来を尋ねると、園の管理人は、「この果物は種から育てたのではありません。これは園林の大地（に落ちていたのを）拾ったもので、その由来は知りません」と答えました。それを聞いた王子は泣き悲しんで、食事もしませんでした。

王は園の管理人をせき立てて、「おまえは、それをなんとしても手に入れなさい」と仰《おお》せになりました。そこで園の管理人が果物を手に入れた場所に行くと、鳥の巣があるのを見つけ、親鳥が餌を銜《くわえ》て来るのを知って、樹上に身を隠し、様子をうかがって（果物を）取ろうとしました。

そして、母鳥が飛んで来た時、その果物を奪い取ることができました。このようにして毎日王に届けていたのでした。

母鳥はこれに怒って香山のなかで、毒の果物を取ってきました。その香り・味・色はすべて前のものとよく似ていたので、園の管理人はそれを奪って王に届け、王が王子に与えると、これを食べた王子の体はすぐに腐乱《ふらん》して死んでしまいました。味に執着すれば、この王子のように身命を失うという苦しみがあるのです。

（巻十七、大正一八二ページ上段〜中段、干潟本「一太子、鳥の落とした好味菓に着し、後同色の毒菓を食して死せる因縁」）

＊2　*Kimpakajātaka*, パーリ・ジャータカ（*Jātaka*, PTS no.85, I, p.367）参照。

185　耶輸陀羅《やしゅだら》の懐妊

1. 羅睺羅《らごら》の出生

『羅睺羅（Rāhula ラーフラ）の母の本生経』[*1]中に説かれているように、釈迦文ボサツには二人の夫人がおられました。一人は瞿毘耶《ぐびや》（Gopiyā ゴーピヤー）で、もう一人は耶輸《やしゅ》陀羅《だら》（Yaśodharā ヤショーダラー）という名前でした。耶輸陀羅は羅睺羅（ラーフラ）の母でした。瞿毘耶は不妊のために、子供を孕《はら》むことはありませんでした。耶輸陀羅は釈迦文（Śākyamuni シャーキャムニ）ボサツが出家された夜に自ら懐妊したことを知りました。その後、釈迦文ボサツは出家してから六年間苦行されましたが、耶輸陀羅も六年間は懐妊したまま出産することがありませんでした。釈迦族の者たちはこのことを、「ボサツは出家したのに、どうしてそのようなことがあろうか」と詰《なじ》りました。耶輸陀羅は、「私には何の罪もありません。私が懐妊している子は、まぎれもなく皇太子の血統なのです」と弁明しました。釈迦族の者たちは、「それではどうして長い間出産しないのか」と言いました。それに対して耶輸陀羅は、「私には分かりません」と答えました。釈迦族の者たちは集まって議論し、王に聴聞《ちょうもん》して、法に従って罪をただすことを望みました。瞿毘耶は王に、「願わくは彼女を寛恕《かんじょ》してください。私は常に耶輸陀羅と一緒に住んでいますので、私が証人になります。彼女には決して罪がないことを知っています。どうかその子が生まれるのを待ってください。父に似ているかどうかを見て、判定しても遅くはないでしょう」と申し上げました。そこで王は判決を保留しました。

ブッダは六年の苦行を成満《じょうまん》し、初めて仏と成られました。その夜、耶輸陀羅は羅睺羅を産みました。王はその子が父(ブッダ)に似ているのを見て、愛楽し、憂いを忘れて家臣たちに、「我が子は王宮を去ったが、今、その子(孫)を持つことができた。これは私の子がいることと変わらない」と語られました。

こうして耶輸陀羅は罪科を免れましたが、その悪い評判は国中に広がってしまったので、耶輸陀羅は悪名を除こうと願っていました。

仏は成道されてから、迦毘羅婆《かびらば》（Kapilavastu カピラヴァストゥ）に帰還し、釈迦族の者たちを教化されましたが、その時、浄飯王《じょうぼんのう》と耶輸陀羅は、仏が王宮に入って食事されることを常に請願していました。そこで耶輸陀羅は、さまざまな味（百味）の歓《かん》喜《ぎ》丸《がん》〔美味の一種の餅《もち》菓子〕*2が入った鉢を羅睺羅に与えて仏に献上させました。その時、仏は神通力によって五百人の弟子たちを、仏の身体と識別できないように変身させました。羅睺羅はわずか七歳でしたが、歓喜丸を持って真っ直ぐに仏の前に進み、謹んでそれを進上しました。

この時、仏は神通力を収められたので、もろもろのビクの身体は再び元に戻り、みな空の鉢を持って坐っていましたが、ただ、仏の鉢だけは歓喜丸で一杯に満たされていました。

耶輸陀羅は王に申し上げました、「これをもって我が罪なきことの証験《しょうげん》とします。」

（巻十七、大正一八二ページ中段～下段）

＊1 *Rāhulamātrjātaka*

＊2 サンスクリットでモーダカ（modaka）といい、丸い砂糖菓子を意味する。

2. 羅睺羅が六年間胎内にいた理由＊3

また、耶輸陀羅は仏に質問しました、「私は何の因縁があって六年間も懐妊することになったのでしょうか」と。

仏は次のように仰せになりました、「汝の子、羅睺羅は久遠の過去世の時、国王となっていました。ある時、一人の五通《ごつう》を備えた仙人が、王国にやってきて、王に言いました、〝王法は盗賊を罰します、我が罪を罰せんことを請います〟と。王は言いました、〝汝には何の罪があるのか〟と。仙人は答えて言いました、〝私は王国に入り、不《ふ》与取戒《よしゅかい》を犯しました。王の水を飲み、王の楊枝《ようじ》を使用しました〟と。王は言いました、〝我はそれをずっと与えているのであるから、何の罪があるだろうか。我は初めに王位に登ってから、水と楊枝をすべての人々に施しているのである〟と。仙人は言いました、〝王はすでに施したものと言われますが、私の心の疑悔《ぎげ》という罪は除けません。願わくは今ここで罰せられ、後になって罪としないでください〟と。王が答えて言うには、〝もし必ずそのようにしたいのならば、汝はしばらくとどまり、私が宮中より還《かえ》るのを待ちなさい〟と。王は宮中に入って、六日間出てきませんでした。この仙人は王の園中にとどまっていましたが、その六日の間、飢渇《きかつ》してしまいました。（その時）仙人は、〝この王は正しくこうして私を罰しているのだ〟と思惟しました。王は六日を過ぎてから（宮中より）出でて、仙人に〝私はすっかり忘れていました。（私の非礼を）咎《とが》めてくださるな〟と陳謝しました。この因縁をもって（王は）五百世（五百年ごとの生まれ変わり）に三悪道の罪を受け、五百世に常に六年間母胎のなかにあるのです。これをもって耶輸陀羅に罪はないことを証明するのです」と。

（巻十七、大正一八二ページ下段、干潟本「六年間母胎にある前生因縁」）

＊3 『摩訶僧祇律』巻十七（大正二二、三六五ページ下段）*Mahāvastu*, III, pp.142-143, 172-175 等に類話

が伝えられる。

3．一角仙人の本生*4

その時、世尊はビクたちのために本生の因縁を説かれました。過去の久遠の昔、波《は》羅《ら》㮈《な》国《こく》（Vārāṇasī ヴァーラーナシー）の山中に仙人がいました。彼は仲春〔陰暦の二月〕*5に、澡《そう》槃《ばん》〔沐浴用の盥《たらい》〕のなかに小便をしようとしました。その時、鹿の雌雄が交合するのを見て、（興奮して）婬心が起こり、精液を槃《ばん》のなかに流しました。雌の鹿がこれを飲んで、直ちに妊娠しました。月が満ちて子鹿を産むと、その形類は人のようでしたが、ただ頭に一本の角があり、その足は鹿に似ていました。

鹿がまさに（その子を）産もうとした時、仙人の庵《いおり》の近くにやって来て産みました。（しかし、その）子を見ると人のようだったので、（鹿は子鹿を）仙人に付して立ち去ったのでした。仙人が（庵から）出て、この鹿の子を見た時、おのずからその本縁を念じ、それが自分の子であることを知って、取りあげて養育しました。その子が成長するに及んで、学問を勤めて教えたので、十八種の大経〔バラモン教の聖典〕に通暁《つうぎょう》しました。また、禅定を学び、四無量心〔慈・悲・喜・捨〕を行じ、すぐに五神通を得ました。

ある時、（彼は）山に上って、大雨に値《あ》いました。泥土が滑って、その（上を歩くのに、鹿のような）足には不便でした。大地につまずき、その瓶《かめ》（軍持《ぐんじ》 kuṇḍikā）を破壊し、その足を傷つけてしまいました。そこで大いに怒り、瓶に水を盛り、呪文を唱えて、雨が降らないようにさせました。仙人の福徳のため、龍・鬼神たちはみな雨を降らせませんでした。雨が降らないために五穀・五果はまったくできず、人民は窮乏して、生存の道がなくなってしまいました。

波羅奈国の王は憂い悲しみ、大いに悩み苦しんで、高官たちに命じて降雨のことを集議させました。そこで、ある賢者が次のように論じて言いました、「私はかつて伝聞したことがあります。仙人がいる山中に、一角の仙人（Ṛṣyaiśṛṅga）がいて、足が不自由であるのに、山に上り、地に躓《つまず》いて足を傷め、怒って十二年間一滴も雨が降らないように呪術《じゅじゅつ》をかけたのです」と。王は思惟して次のように言いました、「もし十二年間雨が降らなければ、我が国は滅亡し、人民も死滅してしまうであろう」と。そこで王は、「もし仙人に五神通（abhijñā）を失わせしめ、我が家臣となって、民のために努力するならば、その者に国の半分を与えて統治させせよう」と、広く人材を募《つの》りました。

この波羅奈国に扇陀《せんだ》（Śāntā シャーンター）という名の娼婦がいました。彼女は端麗《たんれい》にして並ぶ者がありませんでした。王の募りに応じてやって来て、人々に質問しました、「それは人なのでしょうか、それとも人に非ざるものなのでしょうか」と。人々は言いました、「それは人です、仙人の（子として）生まれたのです」と。娼婦は言いました、「もしそれが人ならば、私は彼を堕落させせましょう」と。この言葉を言い終わるや否や、金槃を取り、それにすばらしい宝物を盛って、王に語りました、「私は必ずや、かの仙人の項《うなじ》に乗って帰ってきましょう」と。

娼婦はすぐに五百台の車を求め、そこに五百人の美女を載せ、五百台の鹿車《ろくしゃ》に種々な歓喜丸〔餅団子の一種〕を載せました。それらには多くの薬草を和合し、さまざまな果物に似せて色彩鮮やかに描《えが》き、これを種々の力持ちに運ばせたのでした。また、美酒の色合いを水のように（透明に）し、樹皮の衣や草の衣を着て、林樹の間を行き来し、仙人を真似《まね》てその庵の近くに草庵《そうあん》（parṇaśālā）を作って住んでいました。一角仙人が遊行してこれを見つけると、女たちは歓迎して出迎え、美しい花や妙なる香りを仙人に供養すると、彼は大いに喜びました。女たちは美辞麗句をもって仙人に挨拶し、彼を房中に招き入れ、快適な床の褥《しとね》（敷物）に坐らせ、浄水として美味の浄酒を与え、果物として歓喜丸（modaka）を与えました。仙人は飲食に飽きると、女たちに次のように語りました、「私は生まれてよりこのかた、このような美味しい果物や水を得たことがありませんでした」と。女たちは言いました、「私は一心に善き行ないをしているから、天は私の願いをかなえて、このような美味しい果物や水を得ることができたのです」と。

仙人は女たちに質問しました、「汝は何を以って肌の色が艶《つや》やかなのか」と。（女たちは）答えて言いました、「私たちの仲間はこの美味しい果物を食べ、この美味しい水を飲んでいるから、このように艶やかなのです」と。そこで女は仙人に言いました、「あなたはどうして、こちらの（林の）間に住まないのですか」と。（仙人は）答えました、「それでは住むことにしよう」と。次いで女は言いました、「一緒に身体を洗い清めましょう」と。そこで（仙人は）またこの申し出を受け入れました。女の手は柔軟だったので、彼はそれに触れて心が揺れ動きました。そこでまた美女たちと交互に洗い合いながら、欲望を起こし、ついに婬事《いんじ》を行なってしまいました。すると、仙人はたちどころに神通を失い、天は大雨を降らせました。

（仙人は女たちと）七日七夜、歓楽して飲食をともにしました。七日後、酒も果物も尽きたので、山の水と木の実をもってこれに引き継ぐと、その味は美味しくなかったので、（仙人は）さらに前に（飲食した）ものを求めました。（女は）答えて言いました、「（前の果物は）もう尽きてしまいましたが、それが手に入る場所がこの近くにありますので、今ここを出て一緒に行きましょう」と。仙人は言いました、「意向に随うことにしよう」と。（二人は）すぐに一緒に出発しました。女は城の近くに来たことを知って、道ばたに臥して言いました、「私は疲れてしまいました、もう歩けません」と。仙人は言いました、「汝は歩けないなら我が項《うなじ》の上に乗りなさい、すぐに汝を担《かつ》いで行こう」と。

女は先に手紙を遣《つか》わして王に申し上げました、「王よ、私の知識と能力を見てください」と。王は駕籠《かご》の準備を命じて、（宮中より）出でて彼らを見ました。

そこで（女に）質問しました、「一体どうしてこのようなことができたのか」と。女は王に申し上げました、「私は方便の力をもって、今このようにすることができたのです」と。

（王は仙人を）城中に住まわせて、熱心に供養し、恭敬《きょうけい》し、五つの欲望〔五欲＝五根の対象に執着して引き起こされる色欲・声欲・香欲・味欲・触欲をいう〕の対象を満足させ、敬拝して大臣としました。（仙人は）数日間城に住すると、身体は痩せ衰え、禅定の安楽（dhyānasukha）に思いを馳せて、この世の欲望を嫌いました。そこで王は仙人に質問しました、「汝はどうして（世間の快楽を）楽しまず、身体は衰弱して痩せ衰えるのか」

と。仙人は王に答えました、「我は五つの欲望を得ましたが、常に林間の閑静な聖仙たちが遊ぶ処に思いを馳せ、（そこから）心を離すことができません」と。王は次のように自ら思惟しました、「もし我が（仙人を）強《し》いてその志に違背させれば、彼は志と違うことを苦と思うだろうし、苦しみが極まって死んでしまうだろう。もともと日照りの患いを除くことを望み、今それを叶えることができたのだから、さらにどうして強いて仙人の志を奪うべきであろうか」と。そこですぐに（仙人を）出発させました。仙人は山中に還り、しばらく精進すると、再び五神通を得ることができました。

　仏はビクたちに告げられました、「一角仙人こそは、私であった。婬女は、耶輸陀《やしゅだ》羅《ら》（Yaśodharā）であった。この時、彼女は歓喜丸（modaka）をもって私を惑わしました。私は未だ煩悩を断じ尽くしていなかったので、誘惑されたのです。今また薬の歓喜丸をもって私を惑わそうとしたけれども、そうすることはできなかった。このことから、微妙で繊細な接触（sūkṣmamṛdusparśana）は、仙人をも動揺させることを知るのです。ましてや愚かな凡夫などはなおさらです。このような種々の因縁話を〈微妙（ślakṣṇā

細滑《さいかつ》〉な欲望を叱責する〉と名づけます。このように五欲を叱責し、五つの心を覆う煩悩（五蓋《ごがい》）を除去するのです。

（巻十七、大正一八三ページ上段~下段、干潟本「一角仙人本生」）

＊4 *Isisiṅga Jātaka* No.526. この話は古くはバールフトやサーンチーの彫刻に見ることができる。サンスクリットの出典としては、*Mahāvastu*, III, pp.143-152, *Buddhacarita*, IV, v.19, *Avadānakalpalatā*, no.65, (II, pp413-455）などに「一角仙人の因縁」（Ekaśriṅgāvadāna）として伝えられる。

＊5 宋・宮・石本では仲秋（陰暦の八月）とする。

186 螺髻《らけい》仙人の尚闍梨《しょうじゃり》＊1

シャーキャムニ仏（Śākyamuni Buddha 釈迦文尼仏）は、もとホラ貝の形の髻《もとどり》を持った（Śaṅkhaśikhā 螺髻《らけい》）仙人で、尚闍梨《しょうじゃり》（Śaṅkhācārya）という名でした。常に第四禅を実践し、出入の息を断ち、一本の樹の下で坐していました。その兀然《こつねん》として不動な様子を鳥が見て木とみなし、その髻のなかに卵を産みました。ボサツは禅定より覚めて、頭頂に鳥の卵があるのを知って、すぐにこう考えました、「もし私が動いてしまえば、母鳥は決して再び戻って来ることはないでしょう。母鳥が帰ってこなければ、鳥の卵は必ずや壊れてしまうでしょう」と。そこで還《ま》た禅定に入って、（卵が孵化《ふか》し）子鳥が（成長して頭頂の巣を）飛び去るに至るまで、そのまま（禅定から）起きあがりませんでした。

（巻十七、大正一八八ページ上段〜中段、干潟本「螺髻仙人尚闍梨本生」）

＊1　尚闍梨のこの話はすでに『大智度論』巻四、八九ページ中段に掲載されている。

187　屯崙摩《とんろんま》の歌声と大迦葉《だいかしょう》の動揺

五百人の仙人たちは飛行する時、甄陀羅女《けんだらめ》（kiṃnarī）[*1]の歌声を聞き、心はそれに著《ちゃく》し、興奮して、みな神通力を失い、一斉に大地に墜落してしまいました。声聞たちは緊陀《きんだ》

大智度論の物語㈢

羅《ら》王（Kiṃnararāja 緊那羅王）の屯崙摩《とんろんま》（Druma）が琴をつま弾き、歌声し、諸法の実相をもって仏を讃歎するのを聞きました。この時、須弥山《しゅみせん》および樹木はみな振動し、大迦葉（Mahākāśyapa）などの大弟子たちも、みな安定して坐っていることができませんでした。

そこで天須《てんしゅ》ボサツ*2が大迦葉に質問しました、「あなたは最長老で、頭陀《ずだ》を実践する第一者なのに、今どうして心を制御して自ら安んじていることができないのですか」と。大迦葉が答えて言いました、「私は人天の欲望について、心は傾動《けいどう》しませんが、これはボサツの無量の功徳を知らせる声なのです。さらにまた、智慧を変化させて声としたものですから、耐えることができないのです」と。

もし八方から風が起こっても、須弥山を動かすことはできません。（しかし）劫が尽きるときの猛烈な暴風（Vairambha-vāyu 毘藍風《びらんふう》）が吹けば、須弥山を腐草《ふそう》のようにさせます。このように、ボサツは一切法のなかに特定の性質（別相）を観じて欲望を離れるのですが、その他の人々はただ禅の名（に妥当する）だけで、（禅の）完成（pāramitā 波《は》羅蜜《らみつ》）を得ることができないことを知るのです。
（巻十七、大正一八八ページ中段）

＊1　宋・元・明の三本と宮本は「緊陀羅」とする。以下の説話は『大樹緊那羅王所問経』*Drumakinnararājaparipṛcchā*（大正十五、三七〇ページ下段～三七一ページ中段）を参照。
＊2　宋、宮、石本は「天鬚」、元、明本は「天鬘」とする。

188　鬱陀羅伽仙《うつだらかせん》の瞑想に対する執着＊1

鬱陀羅伽（Udraka）仙人は五神通を得て、毎日、国の王宮のなかへ飛んで行って乞食《こつじき》していました。王の大夫人はその国の慣習のように、彼の足に（額《ぬか》ずいて）接する礼拝をしました。夫人の手が（仙人に）接触すると、たちまち仙人は神通を失ってしまいました。そこで彼は王に車を求め、駕《かご》に乗って（王宮を）出て、元の場所に還って林の樹々の間に入り、再び五神通を得ようとして、一心に集中して修行していました。

そこでまさに（五神通が）得られそうになった時、樹の上にいた鳥が急に鳴いたので、心を乱してしまいました。（そのため、その）樹を捨てて今度は水辺に赴いて禅定をしていましたが、魚が水中で闘って水を動かす音を聞いて、この仙人は集中することができませんでした。そこで瞋恚《しんに》（怒り）を生じ、「私は魚と鳥をことごとく殺し尽そう」と思いました。

この仙人は久しくしてから、思惟して禅定を得て、非有想非無想処《ひうそうひむそうしょ》*2という境涯に生まれ、そこで寿命が尽きて下生《げしょう》し、ムササビ（飛狸《ひり》）となって多くの魚や鳥を殺し、無量の罪を作り、三悪道（地獄・餓鬼・畜生という苦しみの世界）に堕落してしまいました。これは禅定中に迷乱して心に著した（仙人の）因縁です。外道とはこのようなものなのです。

（巻十七、大正一八九ページ上段、干潟本「Udraka 仙人死して飛狸となり、魚鳥を殺し、三悪道に堕す因縁」）

＊1　『婆沙論』巻六十一に採録されている。

＊2 「非想非非想処《ひそうひひそうしょ》」とも言われる。表象があるのでもなく、表象がないのでもない三昧の境地で、仏教では無色界の第四天とされ、外道はここを真のニルヴァーナとするという。

189 阿鼻地獄《あびじごく》に堕ちたビク

仏弟子に一人のビクがいました。四禅を得て、増上慢《ぞうじょうまん》を起こし、「私は四道を得た」と思っていました。初禅を得た時は、これを須陀洹《すだおん》（srotaāpanna 預流《よる》＝聖者の流れに入った位）と思い、第二禅の時は、これを斯陀含《しだごん》（sakṛdāgāmin 一来《いちらい》＝一度生まれかわって人と天の間を往来して悟る）と思い、第三禅の時は、これを阿那含《あなごん》（anāgāmin 不還《ふげん》＝人間の世界にもどらず、色界に上って悟りに至る）と思い、第四禅の時は、これを阿羅漢（arhan 果＝今生の終わりに涅槃《ねはん》に入って迷いの世界に生まれない）を得たりと思いました。これを頼りに（修行を）止《や》めてしまい、さらに進むことを求めませんでした。まさに命が尽きようとする時、四禅の中陰《ちゅういん》〔前世での死から次の生存を得るまでの中間の生存〕の前兆が来たのを見て、ネハンがないのは仏が自分を欺《あざむ》いたためであると邪見を生じました。このような悪しき見解を生じたために、四禅の中陰を失い、阿鼻地獄（Avīci-niraya 阿鼻泥犁《あびないり》）の中陰の前兆を見て、寿命が終わるとすぐに阿鼻地獄に生まれました。

ビクたちは仏に質問しました、「かのビクは閑静な場所（āraṇyaka 阿蘭若《あらんにゃ》）にて、命を終えましたが、どのような処に生まれたのでしょうか？」と。仏はお答えになりました、「この人は阿鼻地獄に生まれました」と。ビクたちは皆、大変驚いて怪しみました、「この人は坐禅し、持戒していました。そのようなことがありましょうか？」と。仏はお答えになりました、「この人は増上慢にして、四禅を得た時は、四道を得たと思ったからです。命が終わる時に臨んで、四禅の中陰の前兆を見て、邪見を生じ、〝ネハンはない。私はアラカンのはずですが、今また再生しています。仏は虚誑《こおう》（いつわり）をなされたのだ〟と思いました。この時すぐに阿鼻地獄の中陰の前兆を見て、命が終わるとすぐに阿鼻地獄のなかに生まれたのです」と。

（巻十七、大正一八九ページ上段）

190　般若波羅蜜《はんにゃはらみつ》と一切種智《いっさいしゅち》

質問して言います、「どうして般若波羅蜜と名づけるのでしょうか？」

答えて言います、「ボサツたちは初めて菩提心を起こしてから一切種智を求め、その中間において、諸法の実相を知る、この智慧が般若波羅蜜なのです。」

質問して言います、「もしそうであるなら、（ボサツの智慧を）波羅蜜と名づけるべきではありません。どうしてかというと、いまだ智慧の極みに到っていないからです。」

答えて言います、「仏の得られる智慧というのは波羅蜜です。この波羅蜜によるから、ボサツの行ないもまた波羅蜜と名づけるのです。つまり、因のなかに果を説くからなのです。この般若波羅蜜は、仏の心のなかにあるときは名を変えて一切種智といわれるのです。ボサツは智慧を行じて、彼岸に渡《わた》ろうとするから波羅蜜と名づけるのですが、仏はすでに彼岸に渡られているから一切種智と名づけられるのです。」

（巻十八、大正一九〇ページ上段）

191　般若波羅蜜を讃える偈頌《げじゅ》

1．般若波羅蜜は、真実の教えにして顛倒《てんどう》せず。念・想・観はすでになく、言語の法もまた滅す。

2．無量雑多な罪除かれて、清浄にして心は一つ、かくある尊妙《そんみょう》の人こそが、よく般若を見るものなり。

3．虚空の汚れなきように、戯論《けろん》も文字もなかりけり。もしかくの如くに観ずれば、これ仏を見るとなすなりき。

4．もし法の如くに観ずれば、仏と般若とネハンとの、三つはまさに一相なり。それは実に異なるなし。
5．諸仏とおよびボサツとは、よく一切を利益する。般若はこれがための母となり、よく出生し養育す。
6．仏は衆生の父にして、般若は仏をよく生ず。これすなわち一切衆生の祖母となすなり。
7．般若とはこれ一法なり。仏はこれに種々の名を説き、もろもろの衆生の力に随いて、異なる名字を立てたまう。
8．もし人般若を得るならば、議論の心はみな滅す。たとえば朝日の出づる時、朝露瞬時に消ゆるが如し。
9．般若の威徳は、二種の人を動かせり。智なき者は恐怖して、智ある者は歓喜する。
10．もし人般若を得るならば、般若の主体となりながら、般若の中にも執着せず。何をか況んや他のものに（執着せんや）。

11．般若は来《きた》る所なく、また去る所もなかりけり。智者はすべての所にて、これを求めるに得る能《あた》わず。

12．もし人般若を見ざるれば、すなわち束縛されるなり。もし（人）般若を見るならば、これまた束縛されると名づく。

13．もし人般若を見るならば、解脱するを得るなりき。もし般若を見ざるれば、これまた解脱を得るなりき。

14．このこと稀有《けう》、甚深なるが故、般若は大と称せらる。たとえば幻化《げんけ》によるものの、見ても見ることできかねるなり。

15．もろもろの仏、ボサツ、声聞、辟支仏《びゃくしぶつ》たちの、解脱しネハンする道は、みな般若に随いて得らるるなり。

16．言説は世俗のために、すべてを憐愍《れんびん》するがゆえ、仮に諸法を説くと名づくのみ。説くといえども説かぬなり。

大智度論の物語㈢

17. 般若波羅蜜は、たとえば大火の災のように、四辺を捉《とら》えられぬよう、「捉えること」も「捉えざること」もなし。

18. すべてを捉え終わりて捨てることを「捉えられない」（不可取）と名づけ、捉えられず（不可取）、かつ、捉えることを「捉える」（取）と名づく。

19. 般若には破壊の相なく、一切の言語（の領域）を超過せり。まさに依止するところなく、誰がよくその徳を讃えることができようか。

20. 般若は讃歎しがたいが、我は今よく讃えたり。いまだ死する境地をば、脱せざれどもすでに出口を見いだせり。

（巻十八、大正一九〇ページ中～一九一ページ上段）

192 般若波羅蜜はすべての智慧を摂《おさ》めている

質問して言います、「智慧とはどのようなものでしょうか？」

答えて言います、「般若波羅蜜はすべての智慧を摂《おさ》めています。なぜかというと、菩薩は仏道を求めて、すべての法を学び、あらゆる智慧、つまり声聞・辟支仏・仏の智慧を獲得すべきなのです。この智慧には三種類あります。学と無学と非学非無学です。非学非無学（の智慧）とは、乾慧地・不浄・安那般那・欲界繋・四念処・煖法・頂法・忍法・世間第一法などです。学智とは、苦法智忍の慧から阿羅漢に向かう第九無礙道の中の金剛三昧の慧です。無学の智とは、阿羅漢の第九の解脱智です。これより以後、一切の無学智は、尽智と無生智などです。これを無学智とします。辟支仏道を求める智慧もこのようなものなのです。」

質問して言います、「もし辟支仏道がそのようであるなら、どうして声聞と辟支仏を分別することができるでしょうか？」

答えて言います、「道は一種であっても、智を用いるには差異があります。もし諸仏が（この世に）出でなければ、仏法はすでに滅しています。この人は先の世の因縁によって、一人で智慧を出し、他者から聞かず、自ら智慧をもって、道を得るのです。」

（巻十八、大正一九一ページ上段）

193　辟支仏の境涯に至る因縁

ある国の王が城を出て園中に遊びに行きました。清らかな朝、林の樹々の花や果実はつややかに茂り、実に綺麗で美しいのを見て、食事を終わって寝入ってしまいました。（その間）王の妃や采女《うねめ》（女官）たちはみな一緒になって花を摘《つ》み、林の樹々を折ってしまいました。王は眠りから覚めて、林が壊されているのを見て、自ら覚悟しました、「一切の世間が無常であり、変壊《へんえ》するというのもまたこのようなものである」と。このように思惟し終わって、無漏道《むろどう》〔汚れを滅したさとり〕の心を生じ、もろもろの結使（煩悩）を断じ、辟支仏《びゃくしぶつ》（pratyekabuddha 独覚）の道を得て、六神通を備えるとすぐに飛んで行って閑静な林間に到達しました。このような出来事は、先の世における福徳と誓願の果報なのであって、今の世には辟支仏に成るための因縁が少ないのを見ます。このような（機縁の違いが声聞と辟支仏の）違いなのです。

（巻十八、大正一九一ページ上～中段）

194　外道の経典と仏教の経典の違い

外道の経の なかには殺生・偸盗《ちゅうとう》・邪淫《じゃいん》・妄語・飲酒を許容する場合があります。天《てん》祠《し》〔神々への祭祀〕のために呪文を唱えて殺したとしても罪はありません。行道〔宗教的実践〕のために、もし急難〔緊急の災難〕に遭って、自らの身を保とうとして、民衆の一人を殺したとしても罪はありません。また、急に困難なことがあって、行道のために、金を除いてその他のものを盗み取ることがあったなら、自分で返済し、後にこの罪科を除くべきです。師の妻や国王の夫人、善知識の妻と幼い娘を除き、その他の女性とは急な困難で逼迫《ひっぱく》したならば、邪淫が許されます。師および父母のため、牛のため、身体のため、仲介のためならば、妄語が許容されます。寒い土地では石蜜酒《しゃくみつ》〔リキュール酒の一種〕を飲むこと、天祠〔祭祀の場〕のなかでは一滴か二滴の酒を嘗《な》めることが許容されます。

しかし、仏法はそうではありません。すべて生きとし生けるものを慈心をもって平等に視《み》るばかりか、蟻《あり》の命さえも奪わないのです。まして人を殺すことなどあるでしょうか。また、一本の針、一つの糸を取得することもありません。ましてや多くの持ち主がないものを〔取得することがあるでしょうか〕。婬女には指を触れることはありません。まして人の妻女に（触れることがあるでしょうか）。戯れに笑っても嘘をつくことはありません、ましてことさらに嘘をつくことがあるでしょうか。すべての酒をあらゆる時に決して飲むことがありません。ましてや寒い土地の天祠で（酒を飲むことがあるでしょうか）。汝等外教は仏教とはまったく異なっています。それは天地ほどの違いがあります。汝等外教の教えはもろもろの煩悩が発生する処であり、仏教はまさにもろもろの煩悩の滅する処であって、これが大きな違いなのです。

（巻十八、大正一九二ページ上段）

195　有為法の無常は邪見なのか

質問して言います、「仏はあちこちで、〝有為法《ういほう》が無常・苦・空・無我であると観察するのは、人を悟らせることになる〟と、説かれています。それなのに、どうして無常が邪見に堕すと言われるのでしょうか。」

答えて言います、「仏はあちこちで、無常と説き、あちこちで不滅と説かれています。かつて摩訶男《まかなん》（Mahānāman）釈王は仏のところに詣でて、仏に言いました、〝このカピラ城（Kapilavastu 迦毘羅《かびら》）は人も多く賑《にぎ》わっています。私は疾走する車、走りゆく馬、狂った象、格闘家に値《あ》う時、仏を念ずる心を失ってしまいます。その時みずから（次のように）思います、もし私が今死するなら、一体何処に再生するのだろうか〟と。仏は摩訶男王に告げられました、〝汝は怖《こわ》がってはなりません。畏《おそ》れてはなりません。汝はその時、悪い境遇に生まれることはありません、必ず善き境遇の世界に至るでしょう。たとえば、樹が常に東向きに曲っていて、ある者がその樹を切るとすれば、必ず東に倒れるようなものです。善人もまたそのようなものなのです。もし身体が破壊されて死ぬことになったとき、善き心の（持ち主の）意識は長夜に戒を信じ、布施を聞く慧を心に薫《くん》ずることによって、必ずその利益を得て、天上に昇って再生するのです〟と。

もしすべての法が刹那《せつな》ごとに生滅して無常であるなら、仏はどうして〝もろもろの功徳が心に薫ずるから、必ず天上に昇って再生することになる〟と仰せになるでしょうか。このことから、(有為法の無常を)知ることは無常の性ではないのです。」

(巻十八、大正一九三ページ上段)

196 論力バラモンの究竟《くきょう》道についての問い

また次に、ヴァイシャーリー(Vaiśālī 毘耶離《びやり》)に論力《ろんりき》という名のバラモン(梵志)がいました。リッチャヴィ(Liccavi 梨昌《りしょう》)族の人々らは彼を宝物で雇って仏と論争させようとしました。雇用契約を終えたその夜、彼は五百の論難を選んで準備し、翌朝リッチャヴィ族の人々と仏のところに至って、仏に質問して言いました、

「(あなたの教説は)一つの究竟《くきょう》の道なのですか? 多くの究竟の道なのですか?」仏

は言いました、「一つの究竟の道であって、多ではない。」バラモン（梵志）は言いました、「仏は一道を説くと言いますが、もろもろの外道の師にもそれぞれの究竟道があります。これは多であって一つではありません。」仏が仰《おっしゃ》るのに、「これらはそれぞれ多くあるけれども、みな真実の道なのではありません。なぜかというと、すべてはみな邪見に執着しているから、究竟の道とは名づけないのです。」

仏はバラモンに質問しました、「（Mrgaśiras 鹿頭《ろくず》）バラモンは（真実の）道を得ていないのですか？」（論力バラモンが）答えて言いました、「道を得たすべての者のなかで、彼が第一です。」

この時、長老鹿頭バラモンはビクとなっていて、仏の背後にいて仏を（団扇《うちわ》で）扇《あお》いでいた。仏は（論力）バラモンに質問しました、「汝はこのビクを識《し》りませんか」と。（論力）バラモンは彼を（鹿頭バラモンと）認識して、慚愧《ざんき》し、低頭しました。この時、仏は「義品」*1の偈頌を説かれました、それぞれが（自説を）究竟と言い、しかも各々が自らに愛著する。各々が自己を是とし、他者を非とする。これはみな究竟ではない。ある人は論争する者のなかに入り、義理〔根拠〕を弁明する時、各々が互いに是非を論じ、勝ったり負けたりして、憂いや喜びを懐くのです。勝者は憍慢《きょうまん》という落とし穴に堕ち、敗者は憂鬱という獄に墜ちる。このゆえに智慧ある者は、この二つの法に随うことがないのです。論力よ、汝は当《まさ》に知るべきです、私の弟子たちの法は、虚偽ではなく、また事実でもない。汝はどのようなものを求め、欲するのか？汝は私の論説を壊そうとしたが、最終的にそこには（論破すべき）根拠がありません。

一切智者に勝つことは困難であって、（汝は）もっぱら自らを毀壊《きえ》するのみです。

（巻十八、大正一九三ページ中段）

＊1　*Suttanipāta*『経集』v.824 ～ 834 の引用。

197　塩を食べた愚か者[＊1]（真空と邪見）

真空を観ずる人は、先に無量の布施・持戒・禅定がある。その心は柔軟で、煩悩（結使《けっし》）は薄く、しかる後に真空を獲得する。邪見の中にはそのようなことはなく、ただ憶測し、分別する邪《よこしま》な心をもって空を把捉しようとするのです。

たとえば、初めは塩を知らない田舎者が、貴人が塩をさまざまな肉や野菜につけて食するのを見て、「なぜそうするのですか」と質問しました。（貴人は）「この塩はよくさまざまなものを美味《おい》しくするからです」と答えました。

そこでこの人は次のように考えました、「この塩はさまざまなものを美味しくする。この塩それ自体が必ずや美味《びみ》なのであろう」と。そこで空しく塩を抄《すく》って口に満たして食すると、塩鹹《から》く口を傷つけた。（彼は）質問して言いました、「あなたはなぜ塩はよく美味にするといったのですか」と。貴人は答えて言いました、「愚かなる人よ、この塩はまさに多少を量って、これ調和させて美味しくするのです。どうして塩だけを食べようとするのですか」と。

無智の人は、空解脱門の教えを聞いて、もろもろの功徳を実践せず、ただ空を獲得しようと欲します。これを邪見といい、もろもろの善根を断つのです。このようなものを「空の教え（空門）」と名づけるのです。もしひとが三つの教え（ピタカ〈毘勒門〉・アビダルマ〈阿毘曇門〉・空門）に入るならば、仏の教えが互いに矛盾しないことを知るのです。

（巻十八、大正一九四ページ上段）

＊1　この話は『百喩経』巻一（大正四、五四三ページ上段）第一話「愚人食塩喩」にある。

198　ブッダは薬師《くすし》のように多くの病を治癒する

譬えば、薬師は一つの薬で多くの病を治癒することはできません。多くの病は同じではなく、薬もまた一つではないからです。仏もそれと同じように、衆生の心の病が多様であるのに随って、多くの薬をもってこれを治癒するのです。

あるいは一つの教えを説いて衆生を教化するのに、仏は一人の比丘に告げた、「汝のものではないのだから取ってはいけません（不与取戒）」と。比丘はそれに対して言った、「知っています。世尊」と。仏は言いました、「汝は何を知っているのか」と。比丘は言った、「諸法は我がものではないから（諸法非我物）取るべきではありません」と。

あるいは二つの教えをもって衆生を教化します。それは定と慧です。あるいは三つの教えをもって教化します。戒と定と慧です。あるいは四つの教えをもって教化します。この故に四念処をもって解脱道を得るべきであるといっても、その他の教えの行は異なるのです。分別（の対象）が多少とも異なれば、観法もまた異なります。このために、まさに四つの正しい努力（四正勤）などの他の教えを説くのです。

（巻十九、大正一九八ページ上段～中段）

199　ボサツの功徳には限りがある

諸仏が初めて菩提心を起こしてから、（善）法の滅尽《めつじん》に至るまで、その間に獲得したすべての功徳は、みなこれ作法（作られたもの）であって、限りがあり、分量があります。初めがあり、後があるから、救うことができる衆生にもまた分量があるのです。因縁と果報に分量があるという法則に随って、無量の衆生をことごとく救うことにはならないでしょう。

大力士（が引く）弓の勢いは大きいといっても、箭《や》は遠く（飛んでゆけば）必ず（大地に）堕ちるように、また劫を（焼き）尽くす大火は、三千世界を焼いて明るく照らし、無量にして長久といっても、必ず滅してしまうようなものです。

ボサツが仏に成るのもまた同様です。初めて菩提心を起こしてから、精進という弓を執り、智慧という箭を用いて、深く仏法に入り、大いに仏事を行なったとしても、また必ず滅するべきなのです。ボサツが一切種智《いっさいしゅち》を得る時、身から光明を出して、無量の世界を照らし、一々の光明は無量の身体に変化して、十方無量の衆生を救うのです。

ネハンした後に、八万四千の教えの集まりと（仏）舎利をもって、衆生を化度《けど》するとしても、劫を（焼き）尽くす火のように、長久に照らすならば、彼らもまた滅してしまうのです。

（巻二十、大正二一〇ページ下段）

200　苦の力は強く、楽の力は弱い

阿育王（Aśoka）の弟の違陀輸《いだゆ》（Vītaśoka）は七日間、インド世界（Jambudvīpa 閻浮提《えんぶだい》）の王となって、（国王としての）歓喜（muditā 上妙）を得て、みずから五欲を恣《ほしいまま》にしました。七日が過ぎてから、阿育王が（弟に）質問しました、「閻浮提の主《あるじ》として、快楽を享受し、歓暢《かんちょう》（喜んでのびのびと）したかどうか」と。答えて言いました、「私は（何も）見ず、聞かず、覚悟しませんでした。なぜかといいますと、不可触民チャンダーラ（caṇḍāla 旃陀羅《せんだら》）が毎日鈴を振って、大きな声で〝七日間のうち、すでに幾日かが過ぎた、七日が過ぎると、汝は必ず死ぬでしょう〟と唱えていました。私はこの声を聞いてから、閻浮提の王として、歓喜して五欲を享受したのですが、憂いと苦しみが深いために、（何も）聞こえず、見ませんでした。」このことをもって、苦の力は強く、楽

の力は弱いことを知るのです。

もし人が満身に快楽を受けたとしても、一カ所に針が刺《さ》さっているなら、多くの快楽はすべて消失し、ただ刺《とげ》の苦しみだけを覚えるでしょう。楽の力は弱いから二つ〔慈心と喜心〕に分ければ強くなり、苦の力は強大だから一つであっても十分なのです。

（巻二十、大正二一一ページ上段）

201 四無量心《しむりょうしん》のうち慈《いつく》しみが真の無量である

質問して言いました、「四無量心〔慈・悲・喜・捨という四つの計り知れない利他の心〕を実践すれば、どのような果報があるのでしょうか」と。

答えて言いました、「仏が説かれるには、慈三昧に入れば、現在〔世〕に五つの功徳を得るといいます。火に入っても焼けず、毒にあたっても死せず、兵士の刃に傷つけられず、不慮の死を遂げることがなく、善なる神が擁護してくださる」と。……

質問して言いました、「慈に五つの功徳があるのに、悲と喜と捨はどうして功徳があると説かないのですか」と。

答えて言いました、「先の譬喩のように、一つを説けば（そこに）三事を摂《おさ》めます。慈もまたそのようなものです。もし慈を説けば、すでに悲と喜と捨をも説いているのです。

また次に、慈こそが真の無量なのです。慈は王のようであって、他の三つ（悲・喜・捨）は随従する人民のようなものです。その理由はなぜかといいますと、先ず『慈心』をもって衆生に楽を得させようと欲し、楽を得ることがない者を見ることから『悲心』を生ずるのです。衆生を苦しみの心から離れさせ、法楽を得させようと欲することから『喜心』を生ずるのです。三事のなかにおいて、憎しみなく、愛なく、貪《むさぼ》りなく、憂いがないから、『捨心』を生ずることになるのです。」

（巻二十、大正二一一ページ上段〜中段）

202　大悲は般若波羅蜜《はんにゃはらみつ》の母にして、諸仏の祖母なり

慈とは衆生に楽を与えることから、『増一阿含経《ぞういつあごん》』のなかに、「五つの功徳は悲心にある」と説いているのです。大乗（mahāyāna 摩訶衍《まかえん》）経においても、所々でその功徳を説いています。『明網《みょうもう》ボサツ経』*1のなかでは、「ボサツは衆生のなかに住所を留め、三十二種の悲を実践します。その悲から次第に増広《ぞうこう》して、ついには大悲となるのです。大悲は一切の諸仏とボサツたちの功徳の根本にして、これ般若波羅蜜の母であり、諸仏の祖母なのです。ボサツは大悲心をもってのゆえに、般若波羅蜜を得るのです。般若波羅蜜を得るゆえに仏と作《な》ることができるのです」と説いています。

このように種々に大悲を讃歎するのです。喜と捨の心については、他の処でも讃歎しています。慈と悲の二事はあまねく大きいので、仏はその功徳を讃歎されるのです。

慈は功徳が有り難いことから、そして悲はよく偉大な行為を成立させることから（讃歎されます）。

（巻二十、大正二二一ページ中段）

＊1　本経は『大智度論』でも何回か引用されるが、『網明菩薩経』とあったり、『明網菩薩経』とあったり、一定しない。

203　如来の十号の解釈[*1]

1.　如来（多陀阿伽度《ただあかど》）

修行者は一心に仏を念ずれば、如実なる智慧を得て、大いなる慈しみと大いなる悲しみを成就します。このために（その）言葉に錯誤《さくご》や誤謬《ごびゅう》がなく、粗《あら》く細《こま》かく、多く少なく、深く浅くして、真実でないものはないのです。これらの言葉（āgada）はみな真実（tathā）であるから、「真実の言葉」（Tathā-āgada 多陀阿伽度、如実説〈如来の語義解釈1〉）と名づけるのです。

また、過去・未来・現在の十方の諸仏は、生きとし生けるもののなかで大悲の心を起こし、六波羅蜜を実践し、もろもろの「ものの特質」（dharma-lakṣaṇa 法相）を得て、無上なる正等正覚（anuttarā samyaksaṃbodhi 阿耨多羅三藐三菩提《あのくたらさんみゃくさんぼだい》）に至るのです。この仏陀もまた同様だから、「如実に来たれる者」（Tathā-āgata 多陀阿伽度、如来〈如来の語義解釈2〉）と名づけるのです。

三世十方における諸仏の身体は、大いなる光明を放ち、あまねく十方を照らし、諸々の黒き闇を破ります。心からは智慧の光明を出し、衆生の無明という闇冥《あんみょう》を破り、その功徳と名声は、あまねく十方に満ち、去ってネハンの中に至ります。この仏もまた同様に（ネハンの中に）去るので、このことから「如実に去った者」（Tathā-gata 多陀阿伽度、如去〈如来の語義解釈3〉）と名づけるのです。

2．アラカン（阿羅漢）

このような功徳が有ることから、まさに一切諸天と世間の人から最上の供養を受けるべきなのです（arhati）。したがって「供養に応ずべき者」（Arhan 阿羅訶《あらか》、応供《おうぐ》）と名づけるのです。

3．正遍知《しょうへんち》

もしある人が、「なぜ、ただ仏のみが如実に説き、如来と如去であるから、まさに最上の供養を受けるべきなのですか」と言うなら、仏が正遍の智慧を得ておられるからなのです。「正」とは諸法の不動・不壊《ふえ》の相を名づけ、「遍」とは一法や二法ではないことに対して名づけるのです。したがって、ことごとく一切法を知ることから、余りなく尽きることがありません。これを「正しくあまねく悟りを得た者」（Samyaksaṃbuddha 三藐三仏陀《さんみゃくさんぶっだ》、正遍知）と名づけるのです。

4．明行足《みょうぎょうそく》

この「正遍の智慧」は、無因よりして得ることなく、また無縁よりして得ることがありません。この（世の）中で智慧と持戒を具足することに依って、正遍の智慧を得るのです。（その）智慧とはボサツが初めて発心（prathamacittotpāda 初発意《しょほっい》）してから、金剛三昧（vajropamasamādhi）に至って（一刹那に）相応する智慧（ekakṣaṇa-samāyukta-jñāna?）について名づけるのです。持戒とはボサツが初めて発心してから、金剛三昧に至って、身業《しんごう》と口業《くごう》が清浄で、意に随って行なうことに名づけるのです。このために「智慧と行ないを具えた者」（Vidyācaraṇasampanna 鞞闍遮羅那三般那《びじゃしゃらなさんはんな》、明行足）と名づけるのです。

5．善逝《ぜんせい》

この（智慧と行ないという）二つの実践を行なう者は、安寧《あんねい》（sugati 善去）を得ることができます。車に両輪があって安楽に進むようなものです。先の仏が歩んだ（gantavya

所去処）ように、（現在の）仏もまたこのように去るから、「善く去った者」（Sugata 修伽《しゅか》陀《だ》、善逝《ぜんせい》）と名づけるのです。

6. 世《せ》間《けん》解《げ》

ある者が、「ブッダはみずからその性質を修めているが、アートマン（ātman 我）等の（確実な）事物を知らない」と言います。（これに対し我々は答えます）「ブッダは世間を知り、世間の原因を知り、世間が尽きることを知り、世間が尽きる道をご存知なのです。」これをもって「世間を知る者」（Lokavid 路迦憊《ろかび》、世間解）と名づけるのです。

7. 無《む》上《じょう》士《し》調《じょう》御《ご》丈《じょう》夫《ぶ》

（ブッダは）世間を知り終わって、生きとし生けるものを調御し、さまざまな師の中で最上にして無上です。このことから「人を指導する御者で、この上ない者」（Anuttaraḥ Puruṣadamyasārathiḥ 阿耨多羅富樓沙曇藐婆羅提《あのくたらふるしゃどんみゃくばらだい》*2）と名づけるのです。

8．天人師

よく三種の道（三乗）によって（貪《むさぼ》り・瞋《いか》り・愚癡《ぐち》の）三毒を滅し、生きとし生ける者に三乗の道を行なわせる。このことから「神々と人間たちの師」（Śatā Devamanuṣyāṇām 貰多提婆魔㝹舎喃《しゃただいばまぬしゃなん》）と名づけるのです。

9．仏陀

ある者が、「何によってブッダはよく自己を利益することが無量なのか、またよく他人を利益することが無量なのか」と言います。（これに対し我々は答えます）「ブッダは一切の智慧を成就されているから、過去・未来・現在、滅すること・滅しないこと、動くもの・動かないもの、一切の世間を明らかにことごとくご存知なのです。」これをもって「覚者」（Buddha 仏陀）と名づけるのです。

10. 世尊

これら九種の名号を得て、大いなる名誉があり、十方に遍満する、これをもって世尊（Bhagavat 婆伽婆）と名づけるのです。経のなかで仏はみずから「このような名号をもって、まさにこの仏を念ずるべきなのです」と説かれています。

（巻二十一、大正二一九ページ中段～下段）

＊1　仏の十号は *Aṅguttara Nikāya* II, p.23 等に説かれている。

＊2　婆羅提は娑羅提（sārathi）の誤りか。

204　仏身の功徳

一切の種々なる功徳は、ことごとく仏にあります。

（1）仏はこの劫の初めの転輪聖王《てんりんじょうおう》、摩訶三磨陀《まかさんまだ》（mahāsaṃmata）等の種族であって、インド世界（Jambudvīpa 閻浮提）のなかにおいて智慧の威徳がある、諸釈子（Śākya）族のなかの貴き姓であるゴータマ（Gotama 憍曇《きょうどん》）氏に生まれられました。

（2）生まれられた時、光明は三千大千世界をあまねく照らし、ブラフマー神（Brahmā Devarāja 梵天王）は宝蓋《ほうがい》を持ち、インドラ神（Śakradevānām Indra 釈提桓因《しゃくだいかんいん》、帝釈天）は天の宝衣を持ってお仕えし、阿那婆蹋多龍王《あなばとうたりゅうおう》（Anavatapta-nāgarāja）と婆伽多龍王《ばかたりゅうおう》（Sāgara-nāgarāja 婆伽多は娑伽羅《さがら》の誤りか）は妙なる香ばしい湯を注いで、澡浴《そうよく》されました。

（3）生まれたまいし時、大地は六種に震動し、七歩歩んでから、落ち着いて象王のように、四方を見渡し、師子吼して「これは私の最後の生存です。だからすべての生きとし生けるものを救いましょう」と言いました。

アシタ（Asita 阿私陀《あしだ》）仙人は彼の姿《か》を吟味して、シュッドーダナ（Śuddhodana 浄飯《じょうぼん》王《のう》）に告げました、「この人は足裏に千輻輪《せんぷくりん》の相があり、指の間に膜（jālāvanaddhāṅguli 指合縵網《しごうまんもう》）があり、まさにみずからの法のなかで安定して立っています。よく動かす者はなく、よく破壊する者もいません。手のなかに卍の徳字があり、縵網は荘厳され

大智度論の物語㈢

ていて、まさにその手で生きとし生けるものを安慰し、畏《おそ》れさせることがありません。このようなところから頭頂の肉髻《にっけい》（肉骨髻相）に至るまで、青珠山《しょうじゅせん》の頂《いただき》のように髪の色は青い珠のようであって、青色の光明が四辺から出ていて、頭のなかの頂相はそれより上なるを見ることがなく、天にしても人にしてもこれに勝る者はありません。白毫《びゃくごう》は眉間《みけん》に峙《そばだ》ち、その白い光は頗璃《はり》（の輝き）を超え、浄らかな眼は長く広く、その色は紺青《こんじょう》です。鼻は高く真っ直ぐで、はなはだ愛らしい。口には四十本の歯があり、白く清潔で、綺麗に並んでいます。四本の牙の上は白く、その光は最も勝れています。唇は上下が等しく、大きくもなく小さくもなく、長くもなく短くもない。舌は薄くて大きく、軟らかで赤紅《あかべに》色であって、まるで天の蓮華のようです。梵声《ぼんしょう》は深く遠くまで響き、聞く者を悦楽させ、聴く者を厭《あ》きさせません。身体の色は妙好で、閻浮檀金《えんぶだんごん》〔閻浮提を流れる川 jambūnada に産する砂金〕の輝きにも勝っています。大きな光が身体の周囲を巡り、さまざまな種類の色がすばらしくこの上ない。このような三十二相を具足すれば、この人はやがて出家して、（ブッダの）一切智を得て仏となるでしょう」と。

仏身の功徳とはこのようなものなのだから、まさに仏を念ずべきなのです。

（巻二十一、大正二二一九ページ下段）

205　アードゥマー林園の奇跡

ある時、仏はみずから人のために（次のように）説かれました、「私の禅定《ぜんじょう》の特相は甚深なものです」と。

経中に説くように、仏は阿頭摩国《あずまこく》（Ādumā）の林園に滞在されていて、樹の下に坐って禅定に入っておられました。その時、大雨があり、急に激しく雷が鳴り響きました。四人の牧牛者と二人の農夫がいましたが、その雷鳴を聞いて恐怖で死んでしまいました。しばらくすると晴れ、仏は（禅定より）起きて経行されました。そこに一人の居士《こじ》がいて仏の足を礼拝してから、仏の後ろにつき従っていましたが、仏に次のように申し上げました、「世尊よ。先ほど激しい雷鳴があり、四人の牧牛者と二人の農夫が、その雷鳴を聞いて恐怖で死んでしまいました。世尊には聞こえなかったのでしょうか？」と。

仏は言われました、「聞こえませんでした。」

居士は申し上げました、「仏はその時眠っておられたのですか？」

仏は言われました、「眠ってはいません。」

（居士は）申し上げました、「無心想定に入られていたのですか？」

仏は言われました、「そうではありません。私には意識（心想）がありました。ただ入定《にゅうじょう》していただけです。」

居士は申し上げました、「本当に珍しい（未曾有の）ことです。諸仏の禅定は大変甚深なものです。意識があって禅定にあり、このような大音声にも、目覚めていて、聞こえないとは。」

（巻二十一、大正二二〇ページ上段）

206 世間における無上の福田《ふくでん》

1. 僧は福田なり

「世間における無上の福田」とは、施主に二種あります。貧者と富者というものです。貧者は（僧や僧団を）礼拝・恭敬《きょうけい》・迎送して果報を得るのです。富者もまた、よく（僧や僧団を）恭敬・礼拝・迎送し、さらに財物を供養することによって果報を得るのです。このために「世間における無上の福田」と名づけるのです。たとえば良田は、耕し、（土壌を）肥やして調え、時節を待って種を蒔《ま》き、灌漑《かんがい》して豊かに潤《うるお》えば、必ず多くの収穫をもたらしますが、衆僧という福田もまたこのようなものです。智慧という犂《すき》をもって、煩悩（結使）の根を耕し出し、四無量心をもって磨《と》ぎ治め、調えていれば、檀越《だんのつ》たちが信施という穀物の種子を蒔き、念施という恭敬と清浄な心の水を注いで、現世あるいは来世において無量の世間の楽と三乗の果報を得るのです。
（巻二十二、大正二二三ページ下段）

2. 薄拘羅《ばくくら》ビクのカリロク果の供養*1

薄拘羅（Bakkula）ビクなどは、鞞婆尸《びばし》（Vipaśin）仏の（在世）時に、一個のカリロク（harītakī 呵梨勒《かりろく》）の果実を衆僧に供養したため、九十一劫（という長い間）、天上と人間界の間で福楽の果報を受けて、常に疾病《しっぺい》なく、今世で釈迦牟尼仏に出会い、出家し、心の汚れ（漏《ろ》）を尽して、アラカンとなりました。

（巻二十二、大正二二三ページ下段～二二四上段、干潟本「Bakkula 比丘前生因縁」）

3. 二十億沙門《しゃもん》の供養*2

沙門の二十億（Koṭīviṃśa）*3はかって鞞婆尸《びばし》仏の在世時に、房舎を建てて、地を覆《おお》うほどの供養の品物をもって、衆僧を供養しました。（そのため）九十一劫（という長い間）、天上と人間界の間で福楽の果報を受けました。彼の足は地面を踏まず、生まれた時、足の下に長さ二寸の毛がありました。それは柔軟にして、浄らかだったので、（彼の）父はそれを見て歓喜し、彼に二十億両の金を与えました。（また、二十億は）仏を見て聞法し、アラカンとなり、弟子たちの中で精進すること第一でした。

このように小さな布施で大きな果報を得ることになるのです。このために（衆僧を）「世間における無上の福田」と名づけるのです。

（巻二十二、大正二二四ページ上段、干潟本「Śroṇa-koṭīviṃśa、Soṇakolivīsa 比丘前生因縁」）

＊1 『仏五百弟子自説本起経』「薄拘盧品」（大正四巻、一九四ページ中段～下段）に同類の話が記載されている。

＊2 同右（大正四巻、一九二ページ下段～一九三ページ上段）に同類の話が記載されている。

＊3 元・明本では二十億耳（Śroṇakoṭīviṃśa: Soṇakolivīsa）とする。

207 僧は年齢によって判断してはいけない

仏は最高の医者、その教えは良薬、僧は看護人のごときものです。私は清浄なる戒を保ち、正しき集中力（憶念）を得るでしょう。仏の説かれた教えは薬のようなもので、私はこれに従順になるべきです。僧とは私の煩悩という病を断滅する一つの因縁となるもので、いわゆる看護人です。したがって僧を念ずるべきなのです。

また次に、僧は計り知れない戒・禅定・智慧等を具足しており、その徳は測量できないものなのです。

一人の富貴の長者が僧に敬信を持ち、その僧の執事人に（次のように）申しあげました、「順々に僧を招いて、私の家で食事をさしあげたい」と。（彼は）毎日順番に招請して、ついに沙弥《しゃみ》の番になったが、執事は沙弥がその招請を受けることを許可しませんでした。そこで沙弥たちは（次のように）言いました、「どうして沙弥を許可しないのですか？」と。（執事が）答えて言うには、「檀越《だんのつ》は年少（である沙弥）を招請することを喜ばないからです」と。そして（執事は以下のような）偈頌《げじゅ》を説きました。

鬚《ひげ》や髪が雪のように白く、歯は抜け落ち、皮と肉は皺《しわ》だらけ、
背を曲げて歩き、体は痩せ衰えている、このような人を招請したいのです。

ところで彼ら沙弥たちは偉大なアラカンでした。頭を打たれたライオン（師子）のように、にわかに座席から起ち上がって（次のような）詩頌を説きました。

檀越は智慧なき者です。外形を見てその徳を取りません。
この少年の姿をないがしろにして、ただ老い、痩せて、黒くなっているのを取ります。

上尊の耆年《ぎねん》（老年）の姿とは、仏が詩頌で（次のように）説かれています。

いわゆる長老の特徴とは、必ずしも老齢で、
外形が痩せ、鬚や髪が白く、空しく老いて、内に徳がないことではない。
よく罪福の果報を捨て、精進して梵行を実践し、
すでに一切法を離れている。これを長老と名づけるのです。

この時、沙弥たちは、「我々はこの檀越が僧の良し悪しを外見で判断するのを坐したまま観ているべきではない」と考え、そこでまた偈頌を説きました。

讃歎したり罵《ののし》ったりする中で、我等の心は一つであるといっても、
この人は仏法を毀《そし》っているのだから、（私たちは今、彼を）教誨《きょうかい》すべきなのです。

すみやかに彼の家に赴いて、法によって彼を教え、説くべきです。我等が（彼を）訓導しないならば、これは則ち物事を放棄するということになります。

そこで沙弥たちは自らその身体を変えて、みな老年となりました。鬚と髪は雪のように白く、秀れた眉は垂れて眼を覆い、皮の皺は波浪のように（深く）、その背中は弓のように曲がっています。両手で杖をつき、順に招請を受け、身体を起こして皆な揺れ動き、行ったり、止まったりして自分から安定することがありません。まるで白い楊《やなぎ》の樹が風に随って動揺するようでした。檀越はこれらの人々を見て、歓喜して迎え入れ、坐らせました。坐り已《おわ》るや否や、（老僧たちは）再びもとの年少の姿となりました。檀越は驚怖して言いました。

あのような老人の姿が、また変化して少年の身体となるとは、若返りの薬を服するようなものです。これは一体どういう理由なのでしょうか。

沙弥たちが言いました、「あなたは疑惑をもってはいけません、我等は非人ではありません。あなたは僧を等しく量《はか》ろうとしました、このことはなはだ傷《いた》むべきです。私たちはお互いに憐愍《れんびん》し合いますから、このように変化して現われたのです。あなたはこのことを深く識るべきです。聖者たちを量るべきではないのです。(それは次に説くように、

たとえば蚊《か》のくちばしをもって、海底を測るようなものです。
一切の天も人も、よく僧を量る者はいないのです。
僧はその功徳の貴さをもってしても、なお分別できません。
しかるにあなたは年齢によって、もろもろの大徳を推し量ろうとしています。
大小は智慧について生じ、老少にあるのではありません。

智慧があって勤めて精進すれば、少年と雖《いえど》もこれは老年なのです。
懈怠《けだい》し智慧なければ、老年と雖も少年なのです。

あなたは今、僧を平等に量ろうとしていますが、これはつまり大きな過失なのです。一本の指でもって大きな海底を測り知ろうとするようなもので、智慧ある者に笑われます。あなたは仏の教えを聞いていないのですか。（以下のような）四つのことは小さいと雖も軽んじてはいけません。（1）皇太子は小さくても、将来国王となるのです。これは軽んずるべきではありません。（2）蛇の子は小さくても、その毒は人を殺すことがあります。これまた軽んじてはいけません。（3）小さな火は微《かす》かといっても、よく山野を焼きます。これまた軽んじてはいけません。（4）沙弥は少年といっても、聖なる神通を獲得していて、最も軽んずべきではありません」と。

（巻二十二、大正二二四ページ上段～下段）

208　婆羅堙逝《ばらたせい》バラモンの出家

仏はある時、舎婆提《しゃばてい》(Śrāvastī)で乞食《こつじき》されていました。そこに婆羅堙逝(Bhāradvāja)という姓の一人のバラモン(brāhmaṇa)がいました。仏はしばしばそのバラモンの家に行って乞食すると、バラモンの心に次のような思いが生まれました。

〝どういう理由でこの沙門はまるで負債の取り立てのようにしばしばやって来るのであろうか?〟と。

仏はその時(次のような)偈頌を説かれました。

しばしば時節(を得た)雨が降れば、五穀は順調に成長し、
しばしば福業を修めれば、そのたびに果報を受ける。

しばしば生法を受ければ、そのたびに死を受ける。
聖法がたびたび成立すれば、誰が生死を繰り返すであろうか？

バラモンはこの偈を聞きおわって、次のような思いが生まれました、「仏は偉大な聖人であって、私の心を具《つぶ》さにご存じです」と。彼は恥じ入って鉢を持って家に入り、ご馳走を盛って仏に差し上げました。

すると仏はこれをお受けにならず、このようなことを仰せになりました、「私が偈頌を説いて得たこの食事を、私は食べられません」と。

バラモンは言いました、「この食事はどなたに差し上げるべきなのでしょうか？」と。

仏は仰せになりました、「私は神々と人間のなかでこの食事をよく消化する者を見つけることができません。汝はこの食事を持ち去って、草の少ない場所におき、あるいは虫のいない水中に入れなさい」と。

そこで（バラモンは）仏が教示したように、食事を持って虫のいない水中に入れると、たちどころに水が沸きだし、火と煙が激しく出て、熱された大きな鉄が投げ込まれたようになりました。

バラモンはこれを見て驚怖して言いました、「未曾有のことです、食物のなかにある神力はこのようなものなのでしょうか」と。そこから還《かえ》って仏のところに至って、頭を仏の足につけて礼拝し、懺悔《ざんげ》して出家することを願い、受戒しました。

仏が、「善く来られた」と仰せになると、すぐさま彼の鬚《ひげ》と髪が自然に落ち、沙門の姿になり、徐々に煩悩（結使）を断滅《だんめつ》して、アラカン道を得ました。

（巻二十二、大正二二五ページ上～中段）

209 兄弟が金を捨てた因縁

財物はさまざまな煩悩・罪業の因縁です。一方、持戒・禅定・智慧はさまざまな善法で、ネハンの因縁です。そのために、財物は常に自分から棄てるべきものなのです。一体どうして良き福田のなかに布施をしないことがあるでしょうか。

たとえばある二人の兄弟がいて、その他に同伴者がなく、各々十斤《じっきん》の金を担って道中を行くようなものです。兄は次のように考えました、「我はどのように弟を殺して、金を奪おうか？　この曠野《こうや》の道路のなかでは知る人もいないだろう」と。

弟もまた（次のように）考えました、「兄を殺して金を取りたい」と。兄弟はそれぞれ邪悪な心があって、その言葉と眼差しは一致していませんでした。兄弟は自ら悟り、我に還って悔恨《かいこん》の心を生じました、「我等は人間ではない。獣とどのように異なることがあるだろうか？　同じ兄弟として生まれ、わずかな金のために邪悪な心を生じてしまった」と。兄弟はともに深き水辺に至って、兄は金を水中に投げ捨てました。すると弟は「善き哉《かな》！　善き哉！」と言いました。弟もまた金を水中に捨てました。兄もまた「善き哉！　善き哉！」と言いました。兄弟は交互に質問しました、「どうして〝善き哉〟と言ったのか？」と。各々が答えて言いました、「我はこの金のために、不善なる心を生じ、相手に危害を加えようとした。今、この金を棄てることになったので、善き哉、と言ったのです」と。二人の言葉はまったく同じでした。このことによって財物は悪しき心の因縁となるのを知り、常に自分から捨てるべきなのです。

（巻二十二、大正二三六ページ下段、干潟本「兄弟二人各担十斤金行道中話」）

210　白い餅を食べて浄法を破ったバラモン

一人のバラモンが浄潔の法を実践し、ある縁があって不浄国に到り、自ら思いました、「私はどうしたらこの不浄から免れることができるのだろうか？　ただ乾食《けんじき》（粗末な食事、干した食べ物）を食べ続ければ、清浄になれるのだろうか」と。

一人の老母が白粉餅を売っているのを見て、（次のように）語りかけました、「我は因縁があってここに百日間住んでいます。常にこの餅を作って（私に）持ってきてください。そうすれば多くの価値がありますよ。」

老母は毎日餅を作って（バラモンに）持っていきました。バラモンはこれに貪著して、飽食し、歓喜しました。老母は初めのうちは白く浄らかに餅を作りましたが、後になると次第に無色になり、味もなくなりました。そこでバラモンは老母に質問しました、

「どうしてこうなったのですか？」

（老）母が言いました、「瘡癰《そうよう》（できもの）が治ったからです。」

バラモンが尋ねました、「その言葉はどういう意味ですか。」

（老）母が言いました、「私の大家の夫人は陰部に癰《よう》（できもの）ができました。そのできものに麺酥《めんそ》や甘草《かんぞう》〔漢方薬〕をつけると、できものが熟して膿《うみ》がでて、これに酥餅《そへい》を和合し、毎日このようにしていたのです。これで餅を作って汝に与えていました。この餅を（汝は）好んだのです。今や夫人のできものは治りました。私はこれから何処で（原料のできもの）を求めるべきでしょうか」と。

バラモンはこの言葉を聞いて、両方の拳《こぶし》で頭を殴り、胸を叩いて嘔吐《おうと》し、「私はど

うしたらよいのか。この浄法を破壊してしまった。もう（この行を）終わりにしよう」と言って、縁事を棄捨《きしゃ》して、本国に還ってしまいました。
（巻二十三、大正二三二一ページ下段）

211　念仏と仏の功徳

声聞の人とボサツがいて、念仏三昧を修行していますが、ただ仏身を念ずるだけでなく、仏の種々の功徳としての法身を念ずるように、まさにこの念仏を行なうべきなのです。

仏は一切の種（特徴）と一切の法（教え）をよく理解することから、「一切智人」と名づけられます。また、一切の法を如実に善く分別して説くことから、「一切を見る人」と名づけられます。一切の法を現前に知ることから、「一切を知見するに無礙《むげ》なる人」と名づけられます。一切の衆生を等視《とうし》するから、「大慈悲の人」と名づけられます。大慈悲があるから、「世救《せぐ》」と名づけ、如実の道より来ることから、「如来」と名づけ、一切世間の供養を受けるべきであることから、「応供人《おうぐにん》」と名づけ、不顛倒《ふてんどう》の智慧を成就することから、「正遍知《しょうへんち》」と名づけ、戒と定と智慧を成就することから、「明行足《みょうぎょうそく》」と名づけ、また（現世に）還ることがないから、「善逝《ぜんぜい》」と名づけ、世間の総相・別相を知ることから、「世間解《せけんげ》」と名づけます。善く出世間の安穏の道を説くことから、「無上なる調御師」と名づけ、三種の教法をもって衆生を度すことから、「天人の師」と名づけ、一切世間の煩悩の睡りをよく自《みずか》ら覚まし、またよく人を覚まさせることから、名づけて「覚人」といい、一切の所願を具足することから、「有徳」と名づけ、十力を成就することから、「堅誓《けんぜい》」と名づけ、四無畏《しむい》を得ることから、「人師子」と名づけ、無量にして甚深な智を得ることから、「大功徳海」と名づけ、一切を記説するに無礙《むげ》であることから、「如風《にょふう》」と名づけ、一切の好醜と憎愛がないことから、「如地」と名づけ、一切の結使（煩悩）の薪《たきぎ》を焼くことから、「如火」と名づけ、善く一切の煩悩の残りを断じていることから、「具足解脱《ぐそくげだつ》」と名づけ、最上の場所に住むことから、名づけて「世尊」とします。仏にはこのようなさまざまな功徳があるのだから、仏を念ずべきなのです。

（巻二十四、大正二三三六ページ上段～中段）

212　必ず報いを受ける業

必ず報いを受ける業（必受報業《ひつじゅほうごう》）とは、毘琉璃《びるり》（Virūḍhaka）軍が、七万二千人の得道者と、無量の五戒（を保つ）在家信者（upāsaka 優婆塞《うばそく》）を殺したとき、目連《もくれん》（Maudgalyāyana）等の大神通を持った人をもってしても彼らを救うことができないようなものです。薄拘羅《ばくくら》（Bakkula）のように、継母に、火のなか、湯のなか、水のなかに投げ込まれたとしても、死ぬことがないようなものです。仏が諸国に遊び、出家し、行乞《ぎょうこつ》して、膳供《ぜんぐ》を求めないのに、五百台の車に王の食べ物が載せられ、葉*1のなかには粳《こう》（うるち）米《まい》を生じ、飯のたびに百味の羹《こう》（吸い物）がつくようなものです。このような善悪の業は必ず受け、その他（の業）は決して受けることがないのです。

（巻二十四、大正二三八ページ上段）

*1 葉は宋・元・明の三本と宮本では「業」とする。

213 仏弟子の種々の性癖

五つの感官の対象に対する欲望（五欲）を好むのは、孫陀羅難陀《そんだらなんだ》（Saundarananda）のようで、名聞を好むのは、提婆達《だいばだつ》（Devadatta）のようで、世間の財利を好むのは、須《す》弥刹多羅《みせったら》（Sunakṣatra）のようで、出家を好むのは、耶舎《やしゃ》（Yaśas）のようで、信を好むのは、跋迦利《ばっかり》（Vakkali）のようで、持戒を好むのは、羅睺羅《らごら》（Rāhula）のようで、施しを好むのは、施䟦羅《せばつら》（Śaivala）[*1]のようで、頭陀《ずだ》（dhūta）と遠離《おんり》（viveka）（という実践）を好むのは摩訶迦葉《まかかしょう》（Mahākāśyapa）のようで、坐禅を好むのは、隷䟦多《れいばった》（Revata）のようで、智慧を好むのは、舎利弗《しゃりほつ》（Śāriputra）ようで、多聞《たもん》を好むのは、阿難（Ānanda）のようで、毘尼《びに》（vinaya）を知ることを好むのは、優波離《うばり》（Upāli）のようです。

このように仏弟子は、それぞれ好むところがあるし、凡夫人もまた、それぞれ喜ぶところがあります。あるいは淫欲《いんよく》を喜ぶ者があり、あるいは瞋恚《しんに》を喜ぶ者もいるのです。

（巻二十四、大正二三九ページ上段～中段）

＊1　丹注では仏の姑の甘露女より生まれたという。三本と宮本では「陀䟦羅」とする。

214　外道の導きとブッダの導きの違い

もし仏が未だ世間[*1]に出られなければ、外道等は種々の因縁をもって、道を求め、福を求める人を欺誑《ぎきょう》し、あるいは種々の果実を食し、あるいは種々の野菜を食し、あるいは種々の草の根を食し、あるいは牛の屎《くそ》を食し、あるいは日に一回は稗類（稊稗《ていひ》[*2]）を食し、あるいは二日に、あるいは十日に、一月《ひとつき》に、二月《ふたつき》に一たび食し、あるいは風を吸い込み、水を飲み、あるいは水藻《みずも》を食します。このように種々に食し、あるいは樹皮、樹葉、草衣、鹿皮を着て、あるいは板木を着て、あるいは地に在って臥《ふ》し、あるいは杵《きね》の上、枝[*3]の上、灰の上、棘《いばら》の上に臥し、あるいは寒い時期に水に入り、あるいは熱い時期に自己の身体の五箇所を熱して自分を炙《あぶ》ります。あるいは水に入って死に、火に入って死に、巖《いわお》から（身を）投じて死に、断食して死にます。

（彼ら外道は）このような種々なる苦行法によって、天上（での再生）を求め、ネハンを求め、また弟子にこの行法を教えて捨てさせません。このように智少なき衆生を引《いん》致《ち》し、以って供養を得ているのです。たとえばそれは蛍のようなものです。日が未だ出ていない時は、少し広く、よく照らしますが、日が出てくれば、千の光明、照る月、および、多くの星も、みな明るくはありません。まして蛍の光など言うまでもないことです。もし仏が未だ出世されなければ、もろもろの外道の輩は小さな明かりで世を照らして供養を受けるのですが、仏が出世された時には、大きな智の光明によって、もろもろの外道とその弟子を滅ぼすので、彼らはみな供養を得ることができません。

（巻二十五、大正二四一ページ下段～二四二ページ上段）

＊1　「世間」は三本と宮本は「間」を欠いて「世」とする。
＊2　この箇所で大正は「睇睥《ていひ》」を欠く。
＊3　この「枝」は三本と宮本は「杖」とする。

215　ブッダの師子吼と師子の吼えるのには差別がある

仏の師子吼《ししく》（説法）と師子（ライオン）の吼《ほ》えるのには差別があります。師子が吼えるのは、多くの野獣が驚き怖《おそ》れて、もしくは死に、もしくは死に近づいて苦しみます。仏の師子吼は、死の畏れを免れることができます。師子が吼えるのは、（輪廻《りんね》の）世々に渡る死の苦しみを怖れるものですが、仏の師子吼はただ今世の死（を恐れる）のみで、さらに後の苦しみはありません。師子が吼えるのは、その声が粗悪であって、誰もが聞くことを喜ばず、生死を怖畏《ふい》します。仏の師子吼とは、その声が柔軟で、聞く者に厭《いと》う心はなく、みな深く楽しみ、普《あまね》く遠くまで聞こえ、よく二種の楽、すなわち生天の楽とネハンの楽とを与えます。これが（両者の）差別です。

（ある者が）質問して言います、「仏の師子吼もまた聞く者に怖れを抱かせます。それは師子の吼えるのと、どのような違いがあるのでしょうか?」

これに答えて言います、「仏の師子吼を聞けば、その時は少し怖れますが、後になって大きな利益があります。吾我《ごが》（自分）の心に執著する者、世間の楽を渇愛《かつあい》する人は常に顛倒し、邪見の心に束縛される者には畏怖《いふ》が生じます」と。

（巻二十五、大正二四四ページ中段）

216　ブッダがとどまった林

仏は世々に常に遠離の行を愛されました。もしボサツが母胎にある時は、母（マーヤー）もまた遠離の行を楽しみ、城を去って四十里のルンビニ林（Lumbinīvana 嵐鞞尼《らんびに》林《りん》）の中で出産された。成道された時は、ウルヴィルヴァー林（Uruvilvāvana 漚樓頻螺《うるびんら》林《りん》）の中で独り菩提樹下にあって仏となられた。初転法輪の時はリシパタナ（Ṛsipatana

仙人住處）のムリガダーヴァ（Mṛgadāva 鹿林《ろくりん》）中にあり、涅槃に入られた時はサーラ林（Śālavana 娑羅林《さらりん》）の二本の木（双樹）の下にあり、長夜に遠離の行を楽しんでおられた。このように仏は禅定に入るのです。

（巻二十六、大正二四九ページ上段）

217　ブッダが阿難の説法に驚く

あるとき仏はアーナンダ（阿難）に告げました、「汝は、ビクたちのために法を説きなさい。私は背中が痛むので、しばらく休みます」と。そのとき世尊は、外衣（uttarāsaṅga 鬱多羅僧《うったらそう》）を四つ折りにして床に敷き、袈裟（saṃghāṭī 僧伽梨《そうぎゃり》）を枕にして横になった。その時、阿難は七つの悟りへ導く要素（saptasambodhyaṅga 七覚支）*1の意義を説いていたが、（その第三の）精進覚に至ると、仏は驚いて起床して坐し、阿難に次のように告げられた、「汝は精進の意義を讃嘆しているのか」と。阿難は言いました、「讃嘆しています」と。このように三度繰り返した。仏は次のように仰せになった、「善き哉《かな》、善き哉、善く精進を修すれば、ついには無上なる正しい覚り（阿耨多羅三藐三《あのくたらさんみゃくさん》菩提《ぼだい》）を得ることになるでしょう」と。

ましてやほかの修行道は言うまでもありません。この意義をもって、仏は精進を減退させることなく、病気の時でさえも止息することがありませんでした。

（巻二十六、大正二四九ページ下段～二五〇ページ上段）

＊1　覚分、菩提分とも訳される。七覚支とは、①これまでの自身の言行を注意深く思い起こし（念）、②それらを正しい智慧によってよく思量しつつ（択法）、③怠ることなく励むならば（精進）、④心に喜びが生じ（喜）、⑤喜びによって身体が軽やかになり（軽安）、⑥また心が安らかになり統一されて（定）、⑦あらゆる感情を離れた平等な態度が達成される（捨）、という七つの修行道を総称したものである。

218　ブッダ最後の弟子スバドラへの説法*1

仏が衆生を度《ど》し已《おわ》って、薩羅《さら》（sāla）林中の双樹の下に臥せられるときのことです。梵志スバドラ（Subhadra 須跋陀《しゅばっだ》）は阿難に、「私は一切智人が、今夜まさに滅度されると聞きました。私は仏に謁見《えっけん》したいのです」と語りました。

阿難はこれを押し止《とど》めて、「仏は多くの人々のために広く説法して、大変お疲れになっています」と言いました。

仏は遠くでこれをお聞きになって、阿難に、「スバドラを聴《ゆる》し入れなさい。彼は私の最後の弟子です」と告げられました。

スバドラは入ることを許され、仏に疑念を質《ただ》しました。仏は意向に随って説法して、彼の疑問を断ち、道を得させたので、彼は仏に先だって、無余ネハンに入りました。

そこでもろもろのビクたちは仏に、「世尊よ、はなはだ稀有《けう》なことです。最後になって外道のバラモンを憐愍《れんびん》して、ともに語られるとは」と申し上げました。

仏は（次のように）仰せになりました、「私はただ今世のみ、最後になって度するのではありません。先の世で未だ道を得ていない時にも最後になって度したのです。すなわち過去をたどること無量阿僧祇劫《むりょうあそうぎこう》に大きな林樹があって、そこには禽獣《きんじゅう》たちが多くいました。あるとき野火が起こって、三辺はすべて焼かれ、ただ一辺だけが残り、しかも一すじの水流を隔てていたため、獣たちは窮逼《きゅうはく》して、命を逃れる場所がありませんでした。私はその時、大きな身体をした力のある鹿でした。前脚で一岸を跨《また》ぎ、後脚で一岸を距《へだ》て[＊2]、獣たちに背の上を踏ませて渡らせました。皮と肉はことごとく壊れましたが、慈愍の力をもって、これを忍んでついに死に至ったのです。その最後に一匹の兎がやって来ました。気力はすでに竭《つ》きていたけれど、みずから強《し》いて努力して、忍んで通過させることができました。通過し終えて背は折れ、水に堕ちてついに死んでしまいました。このようなことが久しい昔にあったのです。ただ今だけのこと

ではないのです。前に得度した者（前に渡っていった獣たち）が、今の弟子たちで、最後の一匹の兎こそがスバドラなのです」と。

（巻二十六、大正二二五〇ページ上段）

＊1　この本生話と類似したものが、『根本説一切有部毘奈耶雑事』巻三十八（大正二十四、三九七ページ中段～下段）、*Mahāparinirvāṇasūtra*（Skt. text ed. by E. Waldschmidt）pp.476-478, *Avadānaśataka* I, pp. 235-236（tr. by Feer, pp.157-158）の三つの文献に伝えられている。

＊2　元・明は「踞」とする。

219　ブッダは冷や汗をかかない[*1]

ジャイナ教徒のサトヤカ（Satyaka Nirgranthīputra 薩遮《さっしゃ》祇《ぎ》尼《に》揵子《けんし》）は銅板を腹に巻き[*2]、自ら誓って言いました、「誰であれ、私の論難を聞いて、汗を流さず、滅びないものはいない。大象から樹木、瓦石に至るまで、私の論難する声を聞けば、みな汗を流すであろう」と。このように誓ってから仏のところにやってきて、仏と論議した。（ところが）仏が彼に質問すると何も答えることができなかった。彼には汗が流れ、地を掩《おお》い、身体は汗で浸るようであった。

仏は彼に告げられた、「汝は先に〝私の論難を聞くもので、汗を流さない者はいない〟と誓いの言葉を立てた。汝には今、汗が流れ、地を掩っている。汝は（私を）ごらんなさい。仏に汗を流す様相があるか、否か？」と。仏はその時、外衣（uttarāsanga 鬱多羅僧）を脱いで、彼に示して言いました、「（私の）どこに汗があるでしょうか？」と。さらにまた、ある者が次のように言いました、「あるいは頭に汗をかいても、身体には汗をかかない者がいます。（逆に）仏は頭には汗をかかないが、身体には必ず汗をかいていることでしょう」と。これをもって、仏は外衣を脱いでその身体を示したのです。

（巻二十六、大正二五一ページ下段）

＊1　この話は *Cūlasaccakasutta, Majjhima Nikāya* 1, pp.227-237 にある。

＊2　南インドのバラモンのティシュヤ（Tiṣya 提舎）が学問をしすぎて、腹が割れはしないかと恐れ、銅板を腹に巻いた逸話は、『大智度論』巻十六（大正一三七ページ中段）にも記載されている。

220　デーヴァダッタに与えた侮蔑の言葉

仏はデーヴァダッタ（Devadatta 提婆達）に、「汝は狂人であり、死人であり、嗽唾人《そくだにん》である」と語られました。狂人とは、提婆達は罪が重く、阿鼻地獄に入るべきだからです。そのために、三種の苦切語＊1〔侮蔑《ぶべつ》の言葉〕の一つになるのです。死人とは、人に似ていながらもろもろの善法を集めることができないからです。また、提婆達が剃頭《ていとう》し法服を纏《まと》うのは聖人に似てはいるが、内側に智慧（prajñā 慧命）がないのだから死人と名づけるのです。死人は種々に荘厳しても、次第に腐乱して、ついに活かすことができません。提婆達もまたそのようなものです、仏が日々さまざまな教化を行なっても、悪心はますます激しく、悪の不善法は日々さらに増大し、ついには三逆の罪を作ることになる。このために死人と名づけるのです。嗽唾人とは、提婆達が利養を貪るために、身を化して天上の身体を持つ小児となり、阿闍世《あじゃせ》＊2王に抱かれました。王は（小児が）泣けばその口に唾を与えて嗽《くちすす》がせました。このことから彼を嗽唾人と名づけるのです。

（巻二十六、大正二五二ページ中段）

＊1　三本、宮本、石本は「苦語」とする。
＊2　大正は「阿闍貰王」とする。

221　慈悲は仏道の根本なり

慈悲はこれ仏道の根本です。なぜかというと、菩薩は衆生が老・病・死の苦、身体の苦、心の苦、今世、後世の苦などもろもろの苦で悩むのを見て、大いなる慈悲（心）を生じ、このような苦を救い、その後に発心して無上正等正覚（阿耨多羅三藐三菩提）を求めるのです。

また、大いなる慈悲の力によって、無量阿僧祇の世における生死の中に心が厭没《おんもつ》することはありません。大いなる慈悲の力によって、久しくしてネハンを得るのですが、そこで覚りを証得することはありません。これをもってのゆえに、一切の諸仏の教えの中で、慈悲こそが最大のものなのです。もし大いなる慈しみ、大いなる悲しみがなければ速やかに涅槃に入ってしまうでしょう。

（巻二十七、大正二五六ページ下段）

222 尸毘《しび》王の自己犠牲と大慈悲

シビ（Śibi 尸毘）[*1]王のごときは、（避難してきた）鴿《はと》を救おうとして、身体の肉のすべてをもってこれに代えたが、鴿と等しい（重さに）はなりませんでした。そこでまた手を使って秤《はかり》（称）によじ登り、身体を（載せて）これに代えようとしました。この時、大地は六種に震動し、海水は波蕩《はとう》[*2]し（波打ち）、諸天は香や華をもって王を供養しました。衆生は（王を）称《たた》えて、「一羽の小鳥のために心が動かされるとは、まさにそのようなものです。真にこれこそが大いなる慈《いつく》しみ、大いなる悲しみです」と言いました。

（巻二十七、大正二五七ページ上段、干潟本「Śibi 王本生」）

＊1　「尸毘」は三本、宮本、石本ともに「尸鞞」とする。

＊2　「波蕩」は三本、宮本、石本ともに「波盪」とする。

223 アラカンとブッダの違い（1）

ガヴァームパティ（Gavāmpati 憍梵波提《きょうぼんはだい》）ビクのような者は、アラカンを得たといっても、みずから食べて嘔吐《おうと》し、さらにまたそれを食べるのです。この行為は智慧に随ったものではありません。また、マドゥヴァーシシュタ（Madhuvāsiṣṭha 摩頭波斯咤《まずはした》）ビク・アラカンのような者は、梁《はり》の棚[*1]の上、あるいは壁の上、樹の上に跳び上がりました。また、ピリンダヴァッツァ（Pilindavatsa 畢陵伽婆蹉《ひりょうがばさ》）のような者は、恒神《ごうじん》（ガンジス河の神）を罵《ののし》って小婢（小さな奴隷）と言います。このような身体的、言語的行為は、まず智慧がなく、また智慧に随って行なうものではありません。仏にはこのようなことがないのです。

（巻二十六、大正二五一ページ中段）

＊1　「棚」は宋・石本では「枰」とする。

（2）

摩訶迦葉《まかかしょう》（Mahākāśyapa）のような者は瞋《いか》りの習性があるため、仏の滅度した後に法を結集した時、勅して阿難に六つ＊2の突吉羅《とっきら》＊3（Duṣkṛta = 過失）を懺悔させ、さらにまたみずから阿難の手を牽《ひ》いて、そこから退出させて、「汝は漏を未だ尽くしていない不浄の人です。（ですから私は）集法をともにしません」と（言いました）。ピリンダヴァッツァ（Pilindavatsa 畢陵伽婆蹉《ひりょうがばさ》）のような者は、常に恒神を罵《のの》しり、それを小婢としました。マドゥヴァーシシュタ（Madhuvāsiṣṭha 摩頭婆私吒《まずはしだ》＊4）のような者は、跳＊5び上がって戯れる習性があるため、ある時、衣桁《いこう》＊6より踔《はし》って梁《はり》に上り、梁より棚に至り、棚＊7より閣《たかどの》に至りました。ガヴァームパティ（Gavāmpati 憍梵鉢提《きょうぼんはだい》）のような者は、牛の業習があるために、常に食物を吐いて、それを嚼《か》みます。このような聖人は、漏が尽きているといっても煩悩の習性があるのです。火は薪《たきぎ》を焚《た》き終え、灰の炭がまだ残っていても、火力が薄いために、燃え尽きないようなものです。もし劫が尽きる時、火は三千大千世界を焼き尽くし、他に残すものはありません。それは火力が大きいためです。仏の一切智の火もまた同様です。もろもろの煩悩を焼き、また残余の習性もないのです。

一人のバラモンが、五百種類の悪口をもって大衆のなかで仏を罵《ののし》りましたが、仏はまったく変わりなく、また心の変化もありませんでした。このバラモンの心は降伏《ごうぶく》され、逆に五百種類の言葉で仏を讃えましたが、仏は喜ぶ気配なく、また、悦ぶ心もなく、この毀誉《きよ》（褒貶《ほうへん》）に対して、心も顔色も変わることがありませんでした。また、チンチャー（Ciñcā 旃遮《せんしゃ》）*8 バラモン女が帯（の下）に盥《たらい》*9 を入れて、仏に（妊娠の責任があることを）謗《そし》りましたが、仏には慚愧《ざんき》の表情なく、（謀略の）事情が露見してからも、仏に喜悦の表情はありませんでした。

法輪を転ずる時、讃美の声が十方に満ちても、心は高ぶることはありませんでした。スンダリー（Sundarī 孫陀利《そんだり》）が死んで、悪い風評が流布しても、心は落ち込むことがありませんでした。

アーラヴィー（Āḷavī 阿羅毘《あらび》）国土は風が寒く、またゴークシュラ草（gokṣura 蒺藜《しつり》—浜菱《はまびし》）が多いけれども、仏はそのなかで坐臥《ざが》しつつ、それを苦にされません。また、天上の歓喜園のなかにあって、夏の安居《あんご》の時、（帝釈天の宝座である）毛布のような石（Kambala-śīlā 剣婆石《けんばしゃく》）に坐られました。それは柔軟にして清潔であり、まるで天の衣服（綩綖《えんえん》）のようでしたが、またそれをもって楽受（感覚を楽しむこと）とされません。大天王が跪《ひざまず》いて天の食事を奉っても、それを美食とされることはありません。毘蘭若《びらんにゃ》（Verañja）国で大麦（yava 馬麦《めみゃく》）を食べても、それを悪食とされません。もろもろの大国の王が上饌（上等な供え物）を供え奉ったとしても、それを利得としません。バラモンの村（śāla-grāma 薩羅聚落《さらじゅらく》）に入って、空の鉢《はち》のままで出てきても、それを損失とはしません。提婆達多はグリドゥラクータ（Gṛdhrakūṭa 耆闍崛《ぎしゃくつ》）山にて、石を推して仏を押し潰そうとしましたが、仏は彼を憎みませんでした。この時、ラーフラ（Rāhula 羅《ら》睺羅《ごら》）は恭敬の心を持って仏を讃歎しましたが、仏は彼を愛することはありませんでした。阿闍世[*10]は酩酊した象を放ち、仏に害を与えようとしましたが、仏は象を畏れることなく、その狂った象を降伏《ごうぶく》してしまったので、王舎城の人々はますます仏に恭敬を加えるようになりました。（彼らは）香・花・瓔珞《ようらく》を持ち、（外に）出て仏を供養しましたが、仏は喜ばれませんでした。

ある時、九十六種の外道が、和合し、合議して、「我々はみなまた一切智人です」と言いました。シュラーヴァスティー（舎婆提《しゃばてい》）からやって来て、ともに仏と論議することを望みました。その時、仏は神足によって臍《へそ》から光を放たれると、その光のなかにみな化仏がありました。国王プラセーナジット（Prasenajit 波斯匿《はしのく》）はまた（諸仏を）その座上より来させようとしましたが、なお動かすことができませんでした。ましてや、仏とよく論議することなどができるでしょうか？

仏は一切の外道の賊がやって来るのを見ましたが、心は退転しませんでした。

そして、この外道を論破されたので、もろもろの天・世人はますます恭敬・供養の心を倍増しましたが、（仏の）心はさらに進展されませんでした。このように種々の因縁をもってやって来て、仏を毀《そし》ろうとしましたが、仏を動揺させることはできませんでした。たとえば真のジャンブー河から産出した（Jāmbūnada 閻浮檀《えんぶだん》）黄金は、火に焼けても異なることなく、槌《つち》で打ち、磨いたり、斫《き》ったりしても、壊れたり、変質したりしないようなものです。

仏もまたこれと同様、もろもろの毀辱《きにく》、誹謗《ひぼう》の論難を経ても、動揺せず、異なることがないのです。これをもって、仏はもろもろの煩悩の習性をすべて断じ尽くして余すことがないのを知るのです。

（巻二十七、大正二六〇ページ下段～二六一ページ上段、干潟本「Uttara 比丘本生（迦葉仏時）」）

＊2　「六」は三本と宮本では「八」とする。
＊3　三本、宮本、石本ともに「突吉羅罪」とする。
＊4　大正では「摩頭婆和吒《まずはしだ》」とするが、三本と宮本は摩頭婆私吒とし、ここでは後者を採る。
＊5　「跳」は三本と宮本では「掉」とする。
＊6　大正は「衣枷」とするが、三本と宮本は「衣架」とする。

＊7　大正は「枅」とするが、三本と宮本は「棚」とする。
＊8　「旃遮」は宋本と宮本では「梅遮」とする。
＊9　三本と宮本は「盂《う》」、大正は「杅《う》」（いずれも「鉢《はち》」の意）とする。
＊10　「阿闍世」は大正では「阿闍貰」とする。

224　シャールマリーの枝が一羽の鴿《はと》に折られた話

空地にシャールマリー（Śālmalī 舎摩梨《しゃまり》＝綿の喬木）という名の樹がありました。その棘《とげ》の枝（觚枝《こし》）は広大で、多くの鳥が集まり宿っていました。一羽の鴿が後になってやって来て、一本の枝の上に住むと、その棘の枝は、即時に折れてしまいました。そこで水の神（沢神《たくしん》）が樹神に質問しました、「大きな鳥や強い鷲（鵰鷲《ちょうじゅ》）にはよく任持《にんじ》したのに、どうして小鳥がやって来て、みずから堪《た》えることができないのですか？」と。

樹神が答えて言うには、「この鳥は我が怨みの家であるバンヤン（nyagrodha 尼倶盧《にくろ》、尼拘盧《にくろ》）樹の上からやって来ました。そして、その樹の果実を食べてから来ると、我の上に必ずや糞を放つでしょう。（その果実の）種子が地上に堕ちれば、悪しき樹がまた生じ、必ずや多大な害を及ぼすでしょう。これをもってのゆえに、この一羽の鴿に対して、大いに憂いと畏《おそ》れを懐き、むしろ一枝を捨てて、全体を全うするほうが良いと考えたのです」と。

（巻二十七、大正二六三ページ中段、干潟本「舎摩梨樹神《しゃまりじゅしん》が尼倶盧樹《にくろじゅ》から来た鴿の留まった枝を切り落としたこと」）

225　無限に繰り返す輪廻の苦しみを聞いて道を得たビク＊1

波梨《はり》国の四十人のビクは倶に十二浄行を実践し、仏のところに来詣すると、仏は（彼らの）ために厭《いと》うべき行を説かれました。

仏はビクに質問しました、「五河《ごが》、すなわちガンガー（Gaṅgā 恒伽《ごうが》）河、ヤムナー（Yamunā 藍牟那《らんむな》）[*2]河、サラユー（Sarayū 薩羅由《さつらゆ》）河、アチラヴァティー（Aciravatī 阿脂《あし》羅婆提《らばだい》）河、マヒー（Mahī 摩醯《まけい》）河は水源の処より、大海に流入するまで、その中間の水は多いのだろうか、あるいは少ないのだろうか？」と。

ビクは言いました、「はなはだ多いのです。」仏は次のように答えられました、「たった一人だけであっても一劫のなかで、畜生となる時は、殺されて肉を割《さ》かれ、皮を剝《は》いで串刺《くしざし》され、ある時は罪を犯して、その手足を截《き》られ、その身体の首を斬られます。このようにされて（流した）血は、この河の水よりもさらに多いのです。このように無辺の大劫のなかで身命を受け、血を流すことは、称《あ》[*3]げて数えることができません。啼哭《ていこく》して流す涙も、（再生して）母乳を飲むことも、また同様です。一劫のなかの一人の積骨を計ると、ヴァイプルヤ（Vaipulya 鞞浮羅《びぶら》）大山[*4]をも超過します。このように無量劫のなかに生死の苦しみを受けるのです」と。

諸々のビクはこれを聞き終わって、世間を厭患《えんげん》し、即時に悟りへの道を得ました。

（巻二十八、大正二六六ページ上～中段）

＊1　この話は『雑阿含経』（大正二四〇ページ中～下段：*Saṃyutta Nikāya*, XV.13, *Tiṃsamattā*）に由来する。

＊2　宋・元・明の三本と宮本は「藍牟仏」とする。

＊3　宋・元・明の三本と宮本は「勝」とする。

＊4　契丹《きったん》註では、「この山は、天竺にて、人常に見るを以て、信じ易きが故に説くなり」とする。

226　小さな施しで大きな果報を得る[*1]

1．アラカン薄拘羅《ばくくら》のカリロク果の布施

アラカンのバックラ（Bakkula 薄拘羅）は、カリロク（harītakī 訶梨勒《かりろく》 モモタマナ）の果実の薬を布施をしたことで、九十一劫の間、悪道に堕ちることはありませんでした。天人の福楽を受け、身体は常に病なく、最後の身となってアラカン道を得ました。

（巻二十九、大正二七一ページ中段、干潟本「Bakkula 比丘前生因縁」）

2. 沙門コーティーヴィンシャ（二十億）の布施

また、沙門のシュローナ・コーティーヴィンシャ（Śroṇa Koṭīviṃśa 二十億耳*2）は、かつてヴィパシン（Vipaśyin 鞞婆尸《びばし》）仏の在世時に、一つの房舎を作って、ビク僧に給付し、一枚の羊皮を敷いて、僧にその上を踏ませました。この因縁をもってのゆえに、九十一劫中に足は地を踏まず、人天中の無量の福楽を受けました。最後の身に大長者の家に生まれ、端正なる身体を受け、足下に長さ二寸の毛が生え、青い琉璃《るり》のような毛は、右に旋《めぐ》っていました。初めに生まれた時、父は二十億両の金を（彼に）与えました。彼は後に世の五欲を厭《いと》い、出家し得道しました。仏は（彼を）精進のビクの第一であると説かれました。

（巻二十九、大正二七一ページ中段、干潟本「Śroṇa Koṭīviṃśa 前生因縁」）

*1　この話は本書203「世間における無上の福田」を参照してください。

＊2　宋・元・明の三本と宮本は「耳」を欠く。

3. カルナ・スマナ（須蔓耳《すまんに》）ビクが鞞婆尸《びばし》仏の塔に布施した因縁

また、カルナ・スマナ（Karṇa Sumana 須蔓耳）[＊3]ビクは、先の世にヴィパシン（Vipaśyin 鞞婆尸）仏の塔を見て、耳の上にあったスマナー（sumanā 須蔓）の華を布施しました。この因縁をもってのゆえに、九十一劫中に常に悪道に堕ちず、天上で人中の楽を受け、最後の身に生まれる時、スマナー（須蔓）の華が耳にあって、その香りが一室に充満しました。そのゆえに名前をカルナ・スマナ（須蔓耳）とします。（彼は）後に世を厭い、出家してアラカン道を得ました。

ボサツにはこのような本生の因縁があり、少ない施しで大きな報いを得ることができるのです。ですから所有物の多少に随って布施すべきなのです。

（巻二十九、大正二七一ページ中〜下段、干潟本「須蔓耳（Karṇa Sumana）前生因縁」）

＊3　元、明本は「蔓」を「曼」とする。

227　須摩提《しゅまだい》ボサツが燃燈仏《ねんとうぶつ》に布施をした因縁

スマティ（Sumati 須摩提）[*1]ボサツは燃燈仏を見ましたが、（持ち合わせの）供養の資具がなく、周囲を回って探し求めました。そこで華売りの女を見つけて、五百の金銭で、五茎の青蓮華《しょうれんげ》を買うことができ、それで仏を供養しました。

（巻三十、大正二七六ページ下段、干潟本「Sumati 菩薩本生」）

＊1　元・明本には「秦には妙意と言う」の注あり。

大智度論の物語㈢

228　薩陀波崙《さつだはろん》ボサツの供養

サダープラルディタ（Sadāprarudita 薩陀波崙）ボサツは、師匠を供養しようとして、（自分の）身体の血肉を売りました。このようなボサツはすでに仏を見ているのであって、心で供養したいと思いながらも、もし供養する物がなければ、その心に障碍《しょうげ》が残るのです。たとえば庶民が君主に遇見《ぐうけん》するのに、贈答品（礼貺《らいきょう》）を持っていなければ、不敬となるようなものです。このゆえにボサツたちは供養の物を求めて、諸仏を供養するのです。仏は（必ずしもそれを）求めないのですが、ボサツの心は用意したいと願うのです。

たとえば農夫が良い田にめぐまれても、種子がなければ、（農作業の）手を加えようとしても、力を発揮する（肆《ほしいまま》にする）ことなく、心は大いに愁憂《しゅうう》するようなものです。

ボサツもまたこのようなものなのです。諸仏に遇《あ》う(機会を)得ても供養する物がなければ、たとえ他の物があっても、その意志は(本意に)適《かな》わず、心に障碍が残るのです。

(巻三十、大正二七六ページ下段、干潟本「薩陀波崙菩薩本生」)

229 アショーカ王は土でブッダを供養した

アショーカ(Aśoka 阿育)王は小児の時、大事にしている土を持っていって仏に供養しました。閻浮提《えんぶだい》(インド世界)の王となって、一日で八万の塔を建立しました。もし大人が多くの土を(仏の)鉢に投げいれたとしても、得られるものは何もありません。(それはその土が)尊重されていないからです。ある人は、もっぱら華を貴重なものとし、その貴んでいる(華)を持っていって仏を供養したので、ますます多くの福徳を得ることになりました。つまり宝物というのもまた同様なのです。
（巻三十、大正二七七ページ上段）

230　頻頭《びんず》居士《こじ》の神通力

頻頭《びんず》（Biṇḍola Bhāradvāja 賓頭盧《びんずる》）居士は大檀越となり、七宝の大きな床に坐り、ダイヤモンド（金剛石）を脚とし、天の褥《しとね》をもって敷き、赤真珠をもって上から引き幕や垂れ幕（帳幔）とし、左右に立ち侍《はべ》る者は、それぞれ八万四千にのぼります。（彼らは）みな荘厳し、めずらしい（琦妙、奇妙、陭妙な）様相でした。四方の大門を開き、恣《ほしいまま》に求める者に（施与し、）昼夜六時に鼓を鳴らし、また（居士は）光明を放ちました。十方の無量の衆生で、この鼓の音を聞き、光明に触れる者で、来ない者はありませんでした。長者は種々の飲食物を欲しがる大群衆を見て、即時に黙然として虚空を仰視し、時に空中から種々の百味の食物を雨ふらしたので、皆（それぞれの）願いに応じたものを得ることができました。もし衆生のなかに自《みずか》ら取らない者がいれば、左右の給使が分配してこれを与えました。（彼らが）満ち足りればそこで止めました。飲食、衣服、寝具（臥具）、宝物等を求める者にも、また同じようにしました。衆生が欲しがるようにしてあげて、その後で説法し、（彼らに）四食《しじき》*1を離れさせ、全員を不退転の位（avinivartanīya-bhūmi 阿鞞跋致地《あびばっちち》）に到達させました。このようなボサツの神通力のゆえに、よく衆生の願いを満たすことになるのです。

（巻三十、大正二七七ページ下段～二七八ページ上段）

＊1　衆生の生命を長養する摶・触・念・識の四種の食物（『長阿含経』大正一、五三ページ中段）。*Dīgha Nikāya* III, p.228.

231　羅頻周《らびんしゅう》ビクが生きながらえた因縁

舎利弗《しゃりほつ》（Sāriputra）の弟子の羅頻周《らびんしゅう》ビクは、戒を保ち精進していました。しかし、乞食して六日たっても何も得ることはできず、七日目になって、命の存続すら長くはない状況でした。同道の者が彼のために食物を乞い、それを持って（彼に）与えましたが、鳥がやってきて持ち去ってしまいました。

その時、舎利弗が目連（Maudgalyāyana 目犍連《もっけんれん》）に、「汝は大神力をもってこの食物を守護し、彼が得られるようにしてください」と語りました。そこですぐに目連は（神通力で）食物を持って往き、彼に与えました。そこで食物を口に向けようとすると、泥に変わってしまいました。また、舎利弗が乞食して施食を持って帰り、彼にそれを与えましたが、彼の口は自然に閉じてしまいました。最後にブッダがやって来られ、食べ物を持ってこれを彼に与えると、福徳は無量というブッダの因縁によって、彼に食物を与えることができました。このビクは食事を終えると、心に歓喜を生じ、ますますブッダに敬信を持つようになりました。

（巻三十、大正二七八ページ下段）

232　二種の飲み物

飲み物には総じて二種あると説かれています。一つは草木の酒です。これは、いわゆる葡萄《ぶどう》、砂糖キビ（甘蔗《かんしょ》）などやもろもろの穀類の酒です。二つには草木のジュース（漿）です。これは、砂糖キビのジュース、葡萄ジュース、石蜜ジュース、ザクロ（安石榴）ジュース、梨のジュース、（インド）ウオトリギ（Paruṣaka 波盧沙《はるしゃ》、科名シナノキ）の果実のジュース等をはじめとするさまざまな穀類のジュースです。これらを和合して、人は飲食するのです。

さらに天の飲食があります。それは、いわゆるスダー（sudhā 修陀＝不老不死の酒ネクター）、神々の食べ物（amṛtarasa 甘露味）、天の果実やインド・ガンボージ（madhumādhavī 摩《ま》頭《ず》摩《ま》陀《だ》婆《ば》）のジュース等です。

（巻三十、大正二七八ページ下段）

233　六波羅蜜

1. 布施

生死輪廻における利益の行為として、布施を越えるものはありません。今世も後世も常に意に随って得ているのですが、身体のことはことごとく布施によって得るからです。布施は善き導きとなって、天上、人間、ネハンの楽という三つの安楽を開示します。それはどうしてかというと、布施を好んで行なう人は、名声が世に流布し、八方に信楽され、すべてに愛敬され、大衆のなかにあって畏れ非難されることがなく、死ぬ時に際しても悔恨がないからです。その人はみずから、「私は財物をもって良き福田に植え、人と天界のなかの安楽や、ネハンの門を必ずや獲得するでしょう」と念じます。なぜかというと、布施は慳貪《けんどん》という煩悩を破り、受者を慈念し、瞋《いか》りという悩みを滅除し、嫉妬心を終息させるからです。布施を受ける者を恭敬すれば、則ち驕《きょう》慢心《まんしん》を除きます。定まった心で布施すれば、疑念の迷網は自ずから裂け、布施の果報を知れば、邪見を除き、無明を滅するのです。このようにもろもろの煩悩を摧破《さいは》すれば、ネハンへの門は開けるのです。

さらに、ただ三つの安楽を開くだけではありません。よく無量の仏への道、世尊の住処を開くのです。なぜかといいますと、六波羅蜜はこれ仏道であって、布施(檀)を初門とし、その他の(五)行はみなことごとくこれに随順するからです。このように布施には無量の功徳があるのです。

（巻三十、大正二八〇ページ中～下段）

2．持戒

ボサツは衆生の前で、戒の実践行を講説されました。「あなた方は、まさに持戒を学ぶべきです。持戒の徳は、三悪趣、および人間界の下賤な者を救い出し、天人の尊貴を獲得させ、仏道に至らせるのです。戒はすべての衆生の安楽の根本となります。たとえば大きな蔵から、珍しい宝を出してくるようなものです。戒は偉大な防護となります。よく恐怖を滅するからです。たとえば大軍が賊を撃破するようなものです。戒は荘厳となります。瓔珞《ようらく》を身に着けるようなものです。戒は大船となります。よく生死の巨大な海を渡らせるからです。戒は大きな乗り物となります。よく貴重な宝を伝え、ネハンの城に至らせるからです。戒は良薬となります。良く煩悩の病いを打破するからです。戒は善知識となります。世々に（彼に）随ってゆき、お互いに遠離《おんり》することなく、心を安穏にさせるからです。たとえば井戸を掘り終わって湿った泥を見て、自ら喜んで歓喜し、さらに憂えることがないようなものです。戒はよくもろもろの行ないを利益し成就させせます。たとえば父母が多くの子供を育てるようなものです。戒は智の階梯《かいてい》となります。よく無漏《むろ》に入るからです。戒はよくもろもろの煩悩に驚き怖れさせます。たとえばライオン（師子）が、よく野獣の群を治め降伏させるようなものです。戒はすべての福徳の根本にして、出家の要となります。浄戒を修行する者は、所願の意が適《かな》います。たとえば如意珠によって、念ずる時に（願いを）得ることができるようなものです」と。このように種々に戒の福徳を讃歎し、衆生を歓喜させ、発心《ほっしん》させせて浄戒（尸羅《しら》）波羅蜜に留めさせるのです。

（巻三十、大正二八〇ページ下段）

3．忍辱《にんにく》

忍はすべての出家者の力です。もろもろの悪しきものをよく降伏させ、人々の中で驚くべきことをよく現わします。忍はよく守護し、施や戒を毀《こわ》さないようにさせます。

忍は大きな鎧《よろい》です。兵隊たちが（攻撃を）加えません。忍は良薬です。よく悪しき毒薬を除くのです。忍は善勝です。生死の険道において、安穏で患《わずら》いがありません。忍は大きな蔵です。貧苦の人に施せば、極《きわま》りない大きな宝となります。忍は大きな舟です。よく生死の此岸を渡り、ネハンの彼岸に到達させます。忍はヤスリです。よく瑩《みが》いて、もろもろの徳性を明らかにします。

（巻三十、大正二八〇ページ下段〜二八一ページ上段）

4. 精進《しょうじん》

おおよそ勝れた法を得るのは因縁がないわけではありません。みな精進に従って生ずるのです。精進に二つの相があります。一つは、よくもろもろの善法を集生[*1]し、二つには、よくもろもろの悪しき法を除くのです。また、三つの相があります。一つには、あることを造ろうとする。二つには、精進して作る。三つには、休息しないということです。また、四つの相があります。すでに生じた悪しき法は断滅し、未だ生じていない悪しき法は生じさせず、未だ生じていない善き法はよく発生させ、すでに生じた善き法はよく増長させる。このようなものを精進の相と名づけるのです。精進のゆえによく一切の善なる法を助成します。たとえばそれは火が風の助けを得て、ますます熾《さか》んに燃えるようなものです。また、世間の勇健な人が、よく山を越え、海を渡るようなものです。修道の教えは精進することによって、よく仏道を得ることになるのです。

（巻三十、大正二八一ページ中段）

＊1　大正では「進生」とする。

5．禅定《ぜんじょう》

禅定は実智（に至るため）の初門と名づけます。（禅定は）智慧を澄静にして、よく諸法を照らすのです。それは燈が密室にあるとき、その明かりを用いることができるようなものです。もし禅定に依るなら四無量、背捨、勝処、神通、弁才等のもろもろの甚深な功徳を得て、すべてみな具備することを得れば、よく瓦や石を如意宝珠に変成させるのです。ましてや他のことは言うまでもありません。

意に随って為すところで、よく為さないものはありません。水に入るように地に入り、大地を履《ふ》むように水を履み、手にて日と月とを捉え、身は焦げたり冷えたりしません。種々の禽獣《きんじゅう》に化身しながら、その法を受けることはありません。

ある時は変身して虚空に充満し、ある時は身体を微塵のように（微細にします）。（その身体は）あるいは鴻毛《こうもう》のように軽く、あるいは太山*1のように重いのです。ある時は足の指をもって大地を按《あん》ずると、天地は大いに動揺し、草葉のように動きます。このような神通変化の力は、みな禅定より得ることができるのです。

（巻三十、大正二八一ページ下段）

＊1　明本では「泰」、宋本では「大」とする。

6. 智慧

智慧とは、その明るさが第一であって、慧眼《えげん》と名づけるのです。もし慧眼がなければ、肉眼があるといっても、それはなお盲人のようなものです。眼があるといっても、畜生と異なることはありません。もし智慧があれば、自ら好醜を分別し、他の教えに随うことがありません。もし智慧がなければ、他人に随順して東西に引き回されます。それは牛や駱駝《らくだ》が鼻を穿《うが》たれて人に随順するようなものです。一切有為法〔現象世界〕の中で、智慧を上とするのは、聖者の親愛するところです。よく有為法を打破するからです。

経中に説いているように、諸々の宝の中で智慧の宝を最大とし、一切の利器の中では、慧の刀の鋭利なることを最高とし、智慧の山頂に住むならば、憂患《うげん》あることなく、諸々の苦悩の衆生を観て、悉く見ないことはありません。

智慧という刀は、よく無始以来の煩悩や生死の連鎖を断ち、智慧の力のゆえに、よく六波羅蜜を具え、不可思議にして、無量の仏道を得て、一切智を成就するのです。

ましてや、声聞、辟支仏、および世間の勝れたことはいうまでもありません。この智慧が増長し、清浄にして阻《はば》み破壊することはできません。これを名づけて波羅蜜とします。衆生はこれを聞きおわって、般若波羅蜜に住するのです。

（巻三十、大正二八二ページ上段）

234　ボサツの発心

金翅鳥《こんじちょう》の子のごときは、初めて殼から出て、一須弥《しゅみ》世界から別の一須弥世界に至ります。諸ボサツもまたこのように無生忍の力をもって、もろもろの煩悩である無明の殼を破り、即時に一念の中で無量の身体となり、あまねく十方に至るのです。

（巻三十、大正二八三ページ下段）

235　堅固、不堅固は定まらない

堅固、不堅固は定まらないから、みな空なのです。なぜかというと、ある人はこれを堅固とし、ある人はこれを堅固ではないとします。人は金剛（ヴァジュラ）をもって堅牢《けんろう》なものとしますが、インドラ神（帝釈天）は人が杖を持つように金剛を手に執り、堅牢なものとはしません。ただ金剛を破壊する因縁を誰も知らないから、堅固とするのです。もし亀甲[*1]の上に装着し、山羊の角で打破できることを知れば、牢固でないことを知るのです。

七尺の身体の者は、大海をもって深きものとし、アスラの王ラーフ（Rāhu Asurarāja 羅睺阿修羅王《らごあしゅらおう》）は大海のなかに立つと、その膝が水の上から出ます。彼は両手で須弥山の頂《いただき》を隠し、下を向くと忉利天《とうりてん》の喜見城[*2]を観ます。彼にとって海水は浅いものなのです。寿命が短い人は大地を常久で牢固なものとし、長い寿命の人は大地を無常にして牢固でないと見るのです。

（巻三十一、大正二九〇ページ中段）

＊1　三本、宮本、石本ともに「亀骨」とする。

＊2　忉利天（三十三天）にあり、帝釈天が住む城の名で、須弥山の頂にあるとされる。明本では「善見城」とする。

236　七日喩経

『仏説七日喩経』[*1]（*Saptasūryodayasūtra*）によれば、ブッダはもろもろのビクに次のように告げられました。一切有為の法は、無常にして変異し、皆な磨滅に帰る。劫がまさに尽きようとする時、大旱魃《かんばつ》が長く続き、薬草や樹木はすべて焦枯《しょうこ》してしまう。第二日目には、もろもろの小さな河川はことごとく乾き竭《つ》きる。第三日目には、大きな河川もまたすべて涸渇《こかつ》し尽きる。第四日目には、インド世界（Jambudvīpa 閻浮提）のなかの四大河、および無熱悩（Anavatapta 阿那婆達多《あなばだった》）池もすべて空っぽになって竭きる。第五日目には大海も乾き涸《か》れる。第六日目には、大地や須弥山等からも、あらゆるものから煙が出て、窯《かま》の器が焼けるようになる。第七日目には、すべてのものが盛んに燃焼（熾然《しねん》）し、また煙さえもなく、大地および須弥山から梵天に至るまで、（炎は）燃え上がり充満します。

この時、新たに光音天《こうおんてん》（Ābhāsvara 二禅第三天）に再生する者は、火を見て怖畏《ふい》し、〝すでに（初禅第三天の）梵宮は焼けてしまった。もうここまで至るものはないでしょう〟と言いました。先に生まれた諸天らは、後で生まれた天たちを慰め諭して、〝（私たちは今）ここに住んでるが、かつてそこにあったブラフマンの宮殿（梵宮）は焼けてしまいました。そこでみな滅してしまい、ここに逃れて来るものはありませんでした。三千大千世界は焼き尽くされて、もう灰も炭もありません〟と言いました。

ブッダはビクに、「このような重大なことを、誰が信ずるでしょうか、ただ実際に眼で見て、初めて信ずることができるのです。またビクらよ、過去にスネートラ（Sunetra 須涅多羅《しゅねたら》）外道という師がいました。彼は欲望を離れ四梵行〔慈・悲・喜・捨〕を実践し、無量の弟子たちもまた欲望を離れることができました。スネートラはこのように思念しました、〝私は弟子と同じ一処に再生すべきではない、今ここで深く慈心を修めましょう〟と。この人は深く慈を思ったことから、光音天に生まれたのです。そのスネートラこそが、まさに私でした。私はこの時、眼で（光音天の宮殿が焼けて皆無になったという）この事実を見たのです」と言われました。このように、牢固《ろうこ》なる実物もみなことごとく滅無に帰することを知るべきなのです。

（巻三十一、大正二九〇ページ中段～下段、干潟本「Suṇetra 本生」）

＊1　『七日経』は『中阿含経』（巻第二、大正一、四二八ページ下段～四二九ページ下段）に含まれる。*Saptasūryodayasūtra: Aṅguttara Nikāya*, IV, pp.100-106.

237　一劫の中に人身を受けて被った害を計る*1

ある者が世間に生存していて、一劫の中に〔繰り返し〕人身を受けて被《こうむ》る害を計《はか》るとします。その流した血を聚集すると、海水の量よりも多い。啼泣《ていきゅう》して流した涙、および飲んだ母乳の量もみな同様です。〔死して骨となった〕身骨を集積すると、ヴァイプルヤ（Vaipulya 毘浮羅《びぶら》）山をも超過する高さとなります。譬喩を用いれば、天下の草木を斬って二寸の籌《ちゅう》〔数をかぞえる竹の棒〕とし、その父、祖父、曾祖父を数えても、なおその数を数え尽くすことはできません。また、すべての地を泥団子にして、その母、および曾祖母を数えたとしても、なお数え尽くすことはできません。このような無量劫の中で、生死の苦悩を受けるのです。

（巻三十一、大正二九一ページ上段～中段）

＊1　この話は本書225「無限に繰り返す輪廻の苦しみを聞いて道を得たビク」を参照してください。

238　性と相

（ある者が）質問して言いました、「性と相とはどのような異なりがあるのですか？」

答えて言いました、「ある人が言うには、その実質は異なりがなく、名に差別があるのみです。性を説けばそれは相を説くのであって、相を説けばそれは性を説くことなのです。たとえば〝火性こそが熱相である〟と説けば、〝熱相こそが火性である〟と説いているようなものです。

また、ある人が言うには、性と相には少しの差別があります。性とはその体〔内面的特性〕を言い、相とは識るべきもの〔外形的特徴〕を言うのです。釈子〔仏教徒〕が禁戒を受持するのは、これはその性であって、剃髪《ていはつ》し、染衣《せんえ》を割截《かっせつ》するのは、その相なのです。バラモン（梵志）がみずからその法を受けるのは、その性であって、頭頂に髻《まげ》（cūḍā 周羅《しゅうら》）があり、三岐〔大正では「三奇」とする＝先頭部分が三つに分かれている〕の杖（tridaṇḍa）を執るのは、その相なのです。火の熱はその性であって、煙はその相であるようなものです」と。

（巻三十一、大正二九三ページ上段〜中段）

239　出世間を求める者に三種ある

衆生に二種類あります。一つは世間に執著する者、二つは出世間を求める者です。出世間を求める者に、上、中、下があります。上とは利根《りこん》で大心を持ち、仏道を求める者です。中とは中根《ちゅうこん》で、辟支仏《びゃくしぶつ》の道を求めます。下とは鈍根《どんこん》で、声聞の道を求めます。仏道を求める者のためには、六波羅蜜と法空〔あらゆる存在に実体性がないこと、法無我ともいう〕を説きます。辟支仏を求める者のためには、十二因縁と独行の法を説きます。声聞を求める者のためには、衆生空〔人の主体としての自我という実体が存在しないことで、人空・無我ともいう〕と四つの真諦の教え〔四聖諦〕を説きます。

　声聞は生死を畏れ憎み、衆生空と四真諦が無常、苦、空、無我なることを聞いて、諸法について戯論しません。それは囲いのなかに鹿がいて、すでに毒箭《どくや》で射られ、ひたすらそこから脱しようと求め、その他の思念がないようなものです。辟支仏は老、病、死を厭《いと》うといっても、なお少しばかり甚深なる因縁を観察し、また少しばかりの衆生を度脱させます。たとえば犀《さい》が囲みのなかにいて、毒箭を射られてはいるが、なおよくその子を顧恋するようなものです。ボサツは老、病、死を厭うといっても、よく諸法の実相を観察し、究尽《きゅうじん》して深く十二因縁に入り、法空に通達して、無量の法性に入るのです。たとえば白香の象王が狩人の囲みのなかにあって箭射《せんしゃ》を受けても、狩人を顧視することなく、心には畏れるところなく、周りの仲間を率いて悠然として去るようなものです。

（巻三十一、大正二九五ページ中段）

240　福徳の果報は心に従う

ボサツ・マカサツは、諸法の実相とは取るところなく、捨てるところなく、破壊するところがないのを知って、不可得の般若波羅蜜を実践し、大悲心をもって福行を修めますが、福行の最初に布施を行うのです。ボサツは般若波羅蜜を実践しますが、智慧は明晰で、よく布施の福徳を分別します。布施する物は同じといっても、福徳の多い少ないは（布施する人の）心の優劣に随うのです。

舎利弗が一鉢の飯をブッダに献上すると、ブッダはそれをすぐに犬に廻施《かいせ》して、舎利弗に質問しました。「汝は私に飯を布施し、私はその飯を犬に布施しましたが、一体どちらの福徳が多いでしょうか？」

舎利弗は、「私が理解している仏教の解釈では、ブッダが犬に布施をして得られる福徳のほうが多いのです」と言いました。

舎利弗はすべての人の中で智慧が最上です。しかも仏という福田は最高で第一のものですが、仏が犬という悪田に布施して得る福徳の極めて多いことにはかないません。このことから、大きな福徳は（布施をする人の）心に従って生じ、（布施の対象となる）田に在るのではないことを知るのです。舎利弗のような者が千万億倍しても、仏心には及ばないのです。……良田はまた福徳を得ることが多いといっても、心ほどではありません。なぜかといいますと、心は内部の主人（内主）であり、田は外部のこと（外事）だからです。

（巻三十二、大正二〇一ページ上段～中段）

241　布施の福徳は福田《ふくでん》にある

ある時には、布施の福徳は福田に在るといいます。コーティカルナ（Koṭikarṇa 億耳《おくに》）アラカンは、ずっと昔に一本の華を仏塔に施し、九十一劫（の間）、人間界、天界の中で安楽を享受し、その他の福徳の力によってアラカンとなりました。また、アショーカ（Aśoka 阿輸迦《あしゅか》）王は子供の時、土でもって仏に布施し、この世界（閻浮提）で王となり、八万の塔を建立して、最後に道を得ました。施物は至って貧弱だけれど、子供の心は浄く、ただ福田が妙麗であることから、大いなる果報を獲得したのです。まさに大いなる福徳は良田から生ずることを知るべきなのです。

（巻三十二、大正三〇一ページ中段、干潟本「Śroṇa Koṭikarṇa 前生話」）

242 さまざまな布施*1

1．ヴェーラーマ（韋羅摩《いらま》）ボサツの布施

ヴェーラーマ（Velāma 韋羅摩）ボサツは、十二年の間、布施した後に、りっぱに飾られた乳牛と七宝でできた鉢と婇女、それぞれ八万四千を布施しました。さらにその他の貴重な物、飲食に属するものなどは、数えられないほどでした。

（巻三十二、大正三〇四ページ下段、干潟本「Velāma 本生」）

＊1　ヴェーラーマは本生譚の中ではバラモンで、莫大な布施をした人物として知られる。ヴェーラーマの本生譚は *Aṅguttara Nikāya*, IX.20（増支部第六巻六一ページ以下）に伝えられるが、そこでは釈尊の前生であったとされる。

2．スダーナ（須《しゅ》帝《た》綵《れい》拏《ぬ》）ボサツ*2の布施

また、スダーナ（Sudāna 須帝綵拏）ボサツは善勝（Sujaya）という白象から降りて、その象を怨家〔敵の一族〕に施与し、深山に入って出家し、伴なってきた愛する二人の子を醜い十二人のバラモンに施し、また自分の妻と眼をもって（帝釈天に）施して、バラモンを教化しました。この時、地は大きく揺れ動き、天は雷鳴と稲妻が起こり、空からは華が雨のように降ってきました。

（巻三十三、大正三〇四ページ下段、干潟本「須帝綵拏（Sudāna）本生」）

＊2　釈尊の前生で、布施波羅蜜を成満されたときの名前。ヴェッサンタラ（Vessantara）とも言われる。ヴェッサンタラ王子の本生は Jātaka, no.547、漢訳文献では、『六度集経』（大正三、二ページ下段）、『太子須拏経』（同、四一八ページ下段以後）に伝えられる。

3．サルヴァンダダ（薩《さつ》婆《ば》達《だっ》多《た》）王の布施*3

また、サルヴァンダダ（Sarvaṃdada 薩婆達多）王は、（自国が敵国に滅ぼされて逃亡中に）みずから自分の身体を縛り、バラモンに施しました。

（巻三十三、大正三〇四ページ下段、干潟本「薩婆達多（Sarvadatta）王本生」）

＊3 『菩薩本縁経』（大正三、五十五ページ上段）に記載される。

4．尸毘《しび》王の布施

尸毘（Śivi）王のごときは一羽の鴿《はと》のために、自分の身体を鴿の肉に代え、（大鷲、すなわち尸毘王の心を試めそうとする帝釈天に与え）ました。また、ボサツのごときは、かつて兎の身体となって、みずからその肉を炙《あぶ》り、仙人に施与しました。このような話は「ボサツ本生経」のなかに説かれています。

（巻三十三、大正三〇四ページ下段～三〇五ページ上段、干潟本「Śivi 王本生」）

5．須弥陀《しゅみだ》ビクニの布施

また、声聞人の布施もあります。須弥陀《しゅみだ》（Sumedhā）ビクニのごときは、二人の同学とともに、迦那伽牟尼《かなかむに》（Kanakamuni）仏〔過去七仏の拘那含牟尼仏《くなごんむにぶつ》のこと〕のために精舎を作り、無数千万の世において転輪聖王《てんりんじょうおう》と神々の主〔天王インドラ〕の福徳を受けました。

（巻三十三、大正三〇五ページ上段、干潟本「Sumedhā 比丘尼前生話」）

6. 施バラモンの布施

施バラモン（Śaivala）のごときは、一瓶の酪を僧団に施したため、世々に安楽を受け、今はアラカンとなっています。これはもろもろの楽を受けたなかで最大のことです。

（巻三十三、大正三〇五ページ上段）

7. 末利《まつり》夫人の布施

末利（Mallikā）夫人のごときは、スブーティ（Subhūti 須菩提《しゅぼだい》）を供養したので、今世に果報を得て、プラセーナジット（Prasenajit 波斯尼示《はしにじ》）王〔ブッダ時代のコーサラ国王〕の后《きさき》となりました。

（巻三十三、大正三〇五ページ上段）

8．尸婆《しば》の布施

尸婆（Śivā）のごときは、迦旃延《かせんねん》（Kātyāyana）を供養したので、今世に果報を得て、梅陀波周陀《せんだばしゅだ》（Caṇḍapradyota）王の后となりました。

（巻三十三、大正二〇五ページ上段）

9．鬱伽陀《うっかだ》居士の布施

鬱伽陀（Ugrata）居士のごときは、舎利弗ら五百のアラカンを供養したので、その日に果報を得ました。つまり、五百人の商人（賈客《こかく》）がその（供養の）余りの食物を得て、それぞれ（御礼にと）珠の瓔珞《ようらく》を彼に与えたのです。そこで彼は急に大きな富を得て、ついに「成金ウッグラタ」（卒伽陀《そつかだ》*4）と呼ばれました。

（巻三十三、大正三〇五ページ上段）

＊4　宋・元・明の三本と宮本ともに「卒鬱伽陀」とする。

243　如是語経

仏は、浄飯王《じょうぼんのう》が強《し》いて出家させた仏弟子のなかから、道を得る修行に堪えうる者五百人を選択し、（彼らを）将《ひき》いてサーヴァッティー（舎婆提《しゃばだい》）に至りました。どうしてかといいますと、彼らは未だ欲望を離れていないから、もし親の居る故郷に近ければ破戒するかもしれないからでした。このことを心配して、彼らを将いてサーヴァッティー（舎婆提）に至ったのです。

仏はシャーリプトラ（Śāriputra 舎利弗）とマウドガルヤーヤナ（Maudgalyāyana 目乾連《もっけんれん》）等に彼らを教化させました。彼らは初夜、後夜に専心して眠らずに勤修し、精進したために、ついに道を得たのでした。

彼らが道を得てから、生まれ故郷の国（カピラヴァストゥ）に帰ろうとしました。しかし、一切の諸仏の規範として、彼らが本国に帰ることができるのは、もろもろの天人衆の大集団と一緒に迦《か》毘《び》羅《ら》婆《ば》仙人《せんにん》の林中にとどまって住まわれるものなのです。この林は迦毘羅婆城（Kapilavastu）から五十里程離れたところにあり、釈迦族の人たちが遊戯するための園でした。

これら釈迦族出身のビクたちは、サーヴァッティーに滞在していた時、初夜、後夜に修行に専心して眠らなかったため、夜が長いものと思い、（迦毘羅婆仙の）林のなかから出て来て、城に入って乞食をしたが、道程の長遠なることを覚りました。

この時、仏は彼らの心をお知りになりました。そこに一頭のライオン（師子）がやって来て、仏の足を礼拝し、一面に在ってとどまりました。仏は以上の三つの因縁によって、偈頌を説かれました。

寝ることがなければ夜は長く、疲倦《ひけん》すれば道は長い。

愚かであれば生死は長く、正法を知ることもない。

仏はビクに告げられました、「汝は未だ出家していなかった時、その心は放逸にして睡眠も多かったので、夜の長きことを覚らなかったのです。今は初夜、後夜に専心して道を求め、睡眠を減少させているため、夜の大いに長きことを覚ったのです。君たちはかつてこの迦毘羅婆の林を駕に乗って遊戯して、遠いと思うことはなかったのですが、今は衣を著け鉢を持って歩行し、疲極しているから、道が長いように覚えるのです。

また、このライオンは鞞婆尸仏《びばしぶつ》（が出世されていた）時、バラモンの師であったが、（鞞婆尸）仏が説法されるのを見て、ブッダのところにやって来ました。その時、大衆はブッダの教えを聴いていたため、ともに（彼に）語りかける者もありませんでした。そこで悪しき念を生じ、〝このもろもろの坊主（禿輩《とくはい》）どもは、畜生と何ら変わらない。好き人（と、悪しき人と）を区別することなく、（私に話すべき適当な）言葉を知らない〟

と悪しき罵言《ばげん》を発しました。このような悪しき口業をもってのゆえに、鞞婆尸仏から今日に至るまでの九十一劫、常に畜生のなかに堕ちたのです。この人〔バラモンの師〕はその時まさに、得道すべきところを、愚癡《ぐち》のためにみずから生死を長久に繰り返すことになったのです。（ところが）今、仏の集会で、心は清浄になっているから、まさに解脱を得るでしょう」と。

このような経（如是語経）を名づけて「出因縁」とするのです。

（巻三十二、大正三〇七ページ中段～下段）

244　師子の本生*1

昔ボサツはライオン（師子）に生まれ、ある林のなかに住んでいました。そのとき、一頭の猿（獼猴《みこう》）と親友になりました。猿は（ある時、自分の）二頭の子をライオンに預け、出かけていきました。その時、鷲が飢えて食べ物を求めてやって来ました。そして、ライオンが眠っているのを見て、猿の子をさらって飛び去り、樹の上に止まりました。ライオンは目が覚めて、猿の子を探し求めたが見つけることができませんでした。鷲がその子らを持ち去って樹の上に留まっているのを見て、鷲に向かって、「我は猿の二子を寄託されたが、彼らを保護し十分に謹しむことがありませんでした。彼らを捕え、飛び去ることを汝に許せば、（私は猿との）約束を違え、信頼を損《そこな》うことになってしまいます。（孤負言信《こふげんしん》）。汝が私の索《もとめ》に応じてくれることを願います。我は獣類の王であって、汝は鳥類の主です。お互いの地位も勢力も同等です。どうぞよろしく彼らを返してください」と言いました。

しかし、鷲は「汝は時機ということを知らないのか。私は今、飢乏《きぼう》しているのだ。どうして地位や勢力の同異などを論じようとするのか」と言いました。

ライオンはその二頭の子を返してもらうことができないことを知って、自らその鋭利な爪でもって脇の肉を摑んで猿の子と取り換えました。

（巻三十三、大正三〇七ページ下段、干潟本「獅子本生（獼猴子を救う為、自身の脇肉を鷲に与う）」、平川本「15　師子が自分の脇肉を鷲に与える」）

＊1　『大集経』巻十一（大正十三、七〇ページ）に採録される。

245　赤い魚の本生＊1

過去世の時に、人民に黄白痿熱《おうびゃくいねつ》（pītapāṇḍukaroga）を病んだ者が多くいました。その時ボサツは、赤い魚の身体となり、みずからその肉をもって病人たちに施し、彼らの疾病を救いました。

（巻三十三、大正三〇七ページ下段、干潟本「赤魚本生」）

＊1　『撰集百縁経』三十一話「蓮華王捨身作赤魚（縁）」（大正四、二一七ページ上段～下段）にも採録される。

246　鳥が網を破り人を救った本生

昔、ボサツは一羽の鳥となり、林のなかに住んでいました。ある人が深い水のなかに入るのを見ました。そこは人の行くような処ではなく、水神によって羂《わな》うたれて[*1]いました。水神の羂法《けんぽう》は、固著して解きほぐすことができません。しかし、鳥は解法を知って、香山のなかに行き、一本の薬草を取ってきて、その羂の上に著けると、縄はたちまち爛壊《らんかい》して、その人は罠から脱し去ることができました。このような無量の本生話には、多く救われる話がありますが、これを本生経と名づけるのです。

（巻三十三、大正三〇七ページ下段～三〇八ページ上段、干潟本「鳥本生（水神に羂せられた人を救う為、香山から羂の爛壊する薬を持ち来って、その羂を破してその人を救う）」）

＊1　宋、宮、聖、石本は「衒」とする。

247　ブッダの降誕

仏が（この世に）誕生された時、身体から大光明を放ち、三千大千世界、および幽闇《ゆうあん》の場所を照らし、また、十方無量の諸仏がおられる三千大千世界をも照らしたのです。この時、仏母の前に清浄な好池があり、そこにボサツ（赤子のブッダ）を入浴させていました。ブラフマー神（梵王）は日傘を執り、インドラ神（帝釈）は身体を洗い、二匹の龍は水を吐いていました。また、生まれられた時、扶持《ふじ》されることなく七歩あるき、その足跡にはみな蓮華がありました。そこで次の言葉を発せられたのです、「我は一切の衆生の老、病、死の苦しみを救う者である」と。すると地は大きく震動し、天は多くの花を雨ふらし、樹は音声を出し、天の伎楽《ぎがく》を奏《かな》でました。

（巻三十三、大正三〇八ページ上段）

248　餓鬼経（*Pretasūtra*）の身荘厳[*1]

一人の餓鬼がいました。頭は猪《いのしし》に似ていて、臭い虫が口から出ていましたが、身体は金色に光り輝いていていました。この餓鬼は過去世にビクとなり、来客のビクを粗暴な言葉で罵《ののし》りました。しかし、身には浄戒を保持していたため、身体には光明があるのですが、口では悪口を言っていたので、悪臭のある虫が口から出ているのです。

（巻三十四、大正三〇九ページ上段）

*1　『出曜経』巻一〇（大正四、六六三ページ上段）に由来する。

249 ブッダの威儀

（ある者が）質問して言います、「諸仏の態度（īryāpatha威儀）とはどのようなものでしょうか？」これに答えて言います、「威儀とは身体の四つの動作と姿勢[*1]をいいます。」（1）まるで、象の王が身を廻して（周囲を）観察するように（丁寧で威厳を持っています）[*2]。（彼が）行く時には足が地面を離れ、四本の指は地面を踏まないけれども（足跡に）法輪の跡が現われます。（その歩みは）遅くもなく速くもなく、身体は（前後左右に）傾《けい》動《どう》しません。常に右手をあげて生ある者を安慰します。（2）両足を組んで坐り[*3]、その身体は真っ直ぐ（正直）で、（3）常に右の脇を偃《ふ》せ、膝を累《かさ》ねて横臥《おうが》し、敷かれた草の蓐《しとね》は等しく整えられて乱雑ではありません。（4）食事は味の良し悪しなどには執著せず、（5）一たび（施主から）食事の招待を受ければ、黙然として（余分な無駄話を）語りません。*4 言葉は柔軟で、方便（を用いて彼らを）利益し、時節を失うことはありません。…（中略）…

象の王のように視るとは、もし身体を廻して観ようとする時には、身体を起こして（心身）倶に転回するものです。大人の相は、身と心がもっぱら一つなのです。だから、もし観るものがあるならば、身心ともに迴《めぐ》らすのです。

たとえば師子が（獲物を）捉える（搏撮《はくさつ》する）ようなときには、たとえ相手が小物だからといって、その勇ましい捕獲の勢いを改めることがないようなものです。仏もまた同様なのです、もし観るところ、もしくは説くところがあるならば、身と心はともにあって、常に分散することはありません。

（巻三十四、大正三〇九ページ下段〜三一〇ページ上段）

＊1 「歩く、静止する、坐る、横になる」という四つの行為で、いわゆる行住坐臥（caṅkrama, sthāna, niṣīdana, śayyā）のこと。

＊2 *Majjhima Nikāya*, II, p.137（『中阿含』大正一、六八七ページ上段）参照。

＊3 「結加趺坐」のこと。ただし、宋、元、宮本では「結跏趺坐」とする。

大智度論の物語㈢

＊4　大正では「(規律に)違うことがない」(無違)とするが、ここでは、宋、元、明、宮、聖本の「無言」という記述に従った。

250　天の衣の軽重

仏は深い林の樹々の下において成仏されました。それを見た林中の人が仏に草を奉りました。もし貴人が仏を見たならば、必ずや貴重な衣服を敷いて座席としたでしょう。しかし、林のなかには貴き人はいませんでした。そのために、そのときの龍神、天たちが、各々の妙なる衣をもって座席としたのです。

(欲界の六欲天の衣を下から言うと)四天王の衣は重さが二両、＊1 忉利《とうり》天(三十三天)の衣は重さが一両、夜摩天《やまてん》の衣は重さが十八銖《しゅ》、＊2 兜率陀《とそつだ》天＊3の衣は重さが十二銖、化楽天《けらくてん》の衣は重さが六銖、他化自在天の衣は重さが三銖です。色界天の衣は重さという特色がありません。欲界天の衣は樹辺から生じて、縷《いと》（糸）も織《おり》（絹）もありません。それはたとえば薄氷のようなもので、光が輝けば明浄になって、種々の色がわかるようなものです。色界天の衣は純粋な金色なので、その光明を名づけたり、知ることはできません。ボサツはこのような宝の衣を座席に敷き、その上に坐して、阿耨多羅三藐三《あのくたらさんみゃくさん》菩提《ぼだい》〔無上なる正しい覚り〕を得るのです。

（巻三十四、大正三一〇ページ中～下段）

＊1　中国古代の重さの単位、一両は約十六グラムだから、二両は約三十二グラム。なお、二十四銖で一両となる。

＊2　一銖は約〇・六七グラムだから、十八銖は約十二・〇六グラム。

＊3　欲望からなるこの世界（欲界）の第四番目の天界で、現在弥勒菩薩がここにいて、将来の下生に備えているとされる。大正のみは「兜率天」とするが、これは「満足した」を意味するサンスクリット Tusita の音訳で、覩史多、覩卒、覩率とも訳される。

251　ブッダの医術

デーヴァダッタ（提婆達）は、足の下に千輻相輪《せんぷくそうりん》〔千のスポークを持つ車輪の模様〕を現わそうとして、鉄で形を模造して、これを焼いて烙印しました。烙印し終わると足は焼け爛《ただ》れてしまい、身体的苦痛のため大きな声で（助けを）呼びました。その時、アーナンダ（阿難）はデーヴァダッタの叫び声を聞き、涕泣《ていきゅう》してブッダに次のように申し上げました、「我が兄が死んでしまいます。どうかブッダよ、彼を哀れんで救ってください」と。

仏はそこで手を伸ばし、彼の身体をさすり、（次のような）至誠《しせい》の言を発せられました、「私がラーフラ（羅睺羅《らごら》）とデーヴァダッタ（提婆達）を等しく看れば、彼の痛みはすぐに滅するであろう」と。

この時、デーヴァダッタは多くの痛みが除かれたので、(自分に当てられた)手を執って観てみると、それがブッダの手であることを知りました。そこで次のような言葉を述べました、「浄飯王の子はこの医術によって自活できるでしょう」と。

(巻三十四、大正三一三ページ中段)

252 衆生が道を得る因縁

仏身は無量(aprameya)、阿僧祇《あそうぎ》(asaṃkhyeya)といわれるように計り知れず、種々なるものがあって、同じではありません。ある仏は生ける者に対して説法し、覚りを獲得させ、ある仏は無量の光明を放ち、これに遭遇する生ける者が覚りを得るのです。(また、ある仏は)神通変化することによって(衆生の)心を指示し、そのことによって覚りを得る者もいます。ある仏はただ現世の色身だけを現わしますが、そのことによって覚りを得る者もいます。ある仏は全身の毛穴から多くの妙なる香りを発散させ、この（香りを）聞いた生ける者すべてが覚りを得るのです。ある仏は生ける者に食事を与えて彼らに覚りを獲得させます。ある仏はただ衆生を念じて覚りを獲得させます。ある仏はよく一切の草木の声を仏の働き（buddhakārya 仏事）であるとして、生ける者に覚りを得させ、ある仏は衆生がその名前を聞くだけで覚りを得させます。これは仏のために説いたもので、「私が仏となる時は、（私の）名前を聞く者すべてに覚りを得させます」と言ったのです。

　また次に、名前を聞いても、ただそれだけでは覚りを得ることはありません。聞き終わって修行道を実修し、然る後に覚りを得るのです。須達《すだつ》（Sudatta）長者[*1]などは初めに仏（Buddha 覚者）という名前を聞いて、内心では驚喜し、仏を詣でて教えを聴いて、そこで覚りを得ました。また、貰夷羅《せいら》バラモン（Śaila brāhmaṇa）[*2]などは、鶏泥耶《けいにゃ》結髪《けつほつ》梵志（Keṇiya jaṭila-brahmacārin）のところで教えを受けて、初めて仏の名前を聞いて、心は驚喜し、直ちに仏のところに詣でて、教えを聞いて覚りを得たのでした。これなどは、ただ名前を聞くことを説いているのです。(確かに)名前を聞けば得道の因縁となりますが、それで得道したわけではありません。

(巻三十四、大正三一三ページ下段)

＊1 アナータピンディカ(Anāthapiṇḍika 給孤独)長者の本名。ある用事で王舎城の親戚の家へ行き、そこで「ブッダ」という言葉を聞いて、喜びに堪えず、夜が明けるのを待ちきれず、恐怖を乗り越えて墓場に仏を訪ね、優婆塞となった。この話は『雑阿含経』(巻二十二、大正二、一五七ページ中段~一五八ページ中段)に記されている。

＊2 パーリ語ではセーラ(Sela 施羅)とする。若い宗教指導者で三百人の若者を率いていたが、帰依していた遊行僧のケーニヤが、仏とその弟子たちを招こうとしていたことから、その名を聞いて歓喜し、弟子を率いて仏の弟子となった。この話は『増一阿含経』(巻四十六、大正二、七九八ページ上段~七九九ページ下段)に基づいている。

253 般若波羅蜜《はんにゃはらみつ》は諸仏の母である

般若波羅蜜（prajñāpāramitā 智慧の完成）というもの、これは諸仏の母です。父母のなかで母の功用は最も重要です。このために、仏は般若をもって母とし、般舟三昧《はんじゅざんまい》（pratyutpannasamādhi）[*1]をもって父とするのです。三昧はよく乱心を摂持し、智慧を成り立たせますが、諸法の実相を観察することはできません。般若波羅蜜は、よくあまねく諸法を観察して、それらの実相を分別し、万事について到達しないものはなく、万事について成就しないものはなく、その功徳は大きいから、これを母と名づけるのです。このために、〝修行者は六波羅蜜を行じ、そのことで種々の功徳と和合して、よく多くの願いを具足する〟とは言いながらも、ただ般若波羅蜜のみを学ぶべきであると説くのです。

（巻三十四、大正三一四ページ上段）

＊1　現在仏現前三昧（pratyutpannabuddhasaṃmukhāvasthitā-samādhi）のことで、この三昧を行ずれば、現在の諸仏が菩薩あるいは行者の面前に立つとされる。この三昧を行ずるには七日あるいは九十日間、間断なく修行しなければならない。『大集経賢護分』『般舟三昧経』等に説かれる。

254　五波羅蜜と般若波羅蜜

五波羅蜜は般若を離れては波羅蜜の名前を得ることはありません。五波羅蜜は盲目のようなもので、般若波羅蜜は眼のようなものです。五波羅蜜は坏瓶《はいびょう》〔土器の水瓶〕に水を盛るようなもので、般若波羅蜜は十分に焼いた瓶のようなものです。五波羅蜜は鳥が両方の翼をなくしているようなもので、般若波羅蜜は翼のある鳥のようなものです。

このように種々の因縁のために、般若波羅蜜はよく大事なことを成り立たせます。

このことから、もろもろの功徳や願いを得ようと欲するなら、般若波羅蜜を学ぶべきであると言うのです。

（巻三十四、大正三一四ページ中段）

255 尸毘《しび》王の大心[*1]

ヴィシュヴァカルマン（Viśvakarman 毘首羯磨《びしゅかつま》）天〔宇宙の創造者、造物神〕はインドラ神（Śakradevānām indra 釈提桓因《しゃくだいかんにん》）に（次のように）言いました、「シビ（Śibi 尸毘）王は苦行を行なうこと奇特にして、世の中で稀有な人です。ですから、もろもろの智者たちは、〃この人は久しからずして必ず仏となります〃と言っています」と。

インドラ神（釈提桓因、帝釈天）は、「このこと〔シビ王の授記〕を判別する[*2]のはむずかしい。どのようにしてそれを知るのでしょうか？　そして、魚の子と、マンゴー樹

（āmra 菴羅樹《あんらじゅ》）の花と、発心のボサツ、以上の三つのことがらは、（ある結果の）原因としてある時は多いのだけれども、（実際に）果として成就する時ははなはだ少ない。今、これをシビ（尸毘）王に試してみましょう」と言いました。

インドラ神はみずから鷹となり、ヴィシュヴァカルマン（毘首羯磨）は鴿《はと》となりました。鴿は（鷹の攻撃から逃げるために）王の脇に身を投じました。王は（鴿を救うため）みずからの身体の肉を削ぎ落とし、最期には自分で秤によじ登り身体をその上に置き、鴿の命に代えました。そのため地は震動しました。この時、インドラ神等の心には大歓喜が生まれ、多くの天空の華を散らし、未曾有のことですと讃歎しました。

このように確定し定まった大いなる心があれば、仏になることは久しいことではないのです。

（巻三十五、大正三二四ページ下段、干潟本「Śibi 王本生」）

＊1　『大智度論』（巻四、八七ページ下段）、本書㈠35「尸毘（Śibi）王の物語」を参照。

＊2　大正は「辦」（つとめる、とり計る、整える）、石本は「辯」（言語、弁舌をふるう）とするが、宋、元、

明の三本に従って「辨」（区別する、分ける）を採用。

256　太子が海に入り如意珠《にょいじゅ》を得る

ボサツは先の世で国王の太子となったが、世間（閻浮提）の人が貧窮《ひんきゅう》しているのを見て、（彼らを救うために）如意珠を求めて大海に入り、龍王の宮殿に至ろうとしました。すると、龍は太子の威徳がことに勝妙なのを見て、すぐに立ち上がって逆に出迎え、その前で供養（の言葉）を述べ、さらに次のように質問して言いました、

「どうしてそのような遠くから来られたのですか？」

太子は答えて言いました、「私は世間（閻浮提）の衆生を憐愍《れんびん》して如意宝珠《にょいほうじゅ》を求め、これで彼らを饒益《にょうやく》しよう（利益を与えよう）とやって来たのです」と。

龍は言いました、「よく我が宮殿に住み、一カ月の間（説法してくださり、私の）供養

を受けられれば、そこで（如意宝珠を）与えましょう」と。

太子は一カ月そこに住み留まり（説法し）、龍王の多聞を讃歎しました。そこで、龍は（太子に）珠を与えました。この如意珠は、実に一由旬《いちゆじゅん》（yojana）（4krośa, 約九マイル）（の広さに）雨を降らせました。

龍は言いました、「太子には（特殊な）相があります。久しからずして仏となられるでしょう。私は多聞第一の弟子となるでしょう」と。

時に、太子はまた別の龍宮に行って珠を獲得すると、（その珠は）二由旬に雨を降らせました。（そこで）二カ月の間（説法し）、神通力を讃歎しました。

龍は言いました、「太子は久しからずして仏となるでしょう。私はまさに神足第一の弟子となるでしょう」と。

（太子は）また別の龍宮に行って珠を得ると、（その珠は）三由旬に雨を降らせました。（そこで）三カ月の間（説法し）、智慧を讃歎しました。

龍は言いました、「太子は久しからずして仏となられるでしょう。私はまさに智慧第一の弟子となるでしょう」と。

もろもろの龍たちは珠を与え終わって、（次のように）言いました、「あなたの寿命が尽きましたら、私に珠を返してください」と。ボサツ（＝太子）はこのことを受け入れました。太子は珠を得て、世間（閻浮提）に帰ると、一つの珠はよく飲食を雨ふらせ、一つの珠はよく衣服を雨ふらせ、一つの珠はよく七宝を雨ふらせ、生ける者を利益しました。

（巻三十五、大正三一六ページ中段、干潟本「太子本生（海に入り如意珠を求む）」）

257　須摩提《しゅまだい》ボサツの燃燈仏《ねんとうぶつ》への供養

スマティ（Sumati 須摩提）ボサツは燃燈仏を見て、須羅婆《しゅらば》女*1について行って五茎の蓮華を買おうとしましたが、（彼女は）あえてこれを与えませんでした。すなわち（師の珍宝仙人に報いるために）五百の金銭によって五茎の蓮華を得ようとしたのですが、彼女はなおも与えず、これに対して（次のように）言いました、「願わくは私を世々に常にあなたの妻としてください。そうしてくだされば、必ずやあなたに蓮華を与えるでしょう」と。ボサツは（燃燈）仏に供養するために、これを認めました。

（巻三十五、大正三一六ページ下段、干潟本「Sumati 本生（燃燈仏に五茎蓮華を供す）」、平川本「本生経〈ジャータカ〉1・釈迦ボサツの発願」）

＊1　大正では「須羅婆女」とするが、宋、元、明、宮本では「須羅婆女」とする。この釈迦ボサツの本生話は『四分律』Divyāvadāna の伝えるものに類似している。なお『四分律』（大正第二十二巻、巻三十一、七八四ページ上段以下）によれば蘇羅婆提《そらばだい》女とする。

258　徳主太子の本生*1

妙光という名のボサツがいました。ある長者の娘が彼の身体に二十八相があるのを見て、愛敬の心を生じ、その門下に住んでいました。ボサツがやって来ると、その娘はすぐに首から琉璃《るり》の珠を解いて、ボサツの鉢のなかに置き、心に次のような願をかけました、「私は後世にこの人の妻になりましょう」と。この娘は二百五十劫中にもろもろの功徳を集めて、後世に喜見婬女《きけんいんにょ》が所有する園の蓮華のなかに生まれました。喜見は彼女を自分の娘として養育しました。年が十四歳になると、彼女は世智に巧みになり、それらをすべて備足するようになりました。

この時、この世界（閻浮提）に財主という名前の王がいました。彼には徳主という名の大悲心を持った太子がありました。ある時、（徳主は）城を出て林園に入って遊観していました。そこに、もろもろの婬女たちがやって来て偈頌を歌って徳主太子を讃えました。太子はもろもろの宝物や衣服、飲食などを散らしたが、それはたとえば、龍の降らす雨が、周囲のすべてを濡らすようなものです。

喜見の娘喜徳は太子を見て、自分で偈頌を造って太子を讃えました。彼女は愛を含んだ眼で太子を見つめ、その眼は決して瞬《まばた》きすることがありませんでした。そして次のように自分から言葉をかけました、「私は世間の事をすべて知っています。この私の身を太子に捧げます。」

太子は彼女に質問しました、「あなたは誰の娘なのですか？　もし誰かの所有になっているなら、私には相応《ふさわ》しくありません。」

その時、喜見婬女は太子に次のように答えて言いました、「私の娘です。その生年月日、時節はすべて太子と同じです。この娘は私のお腹から生まれたのではありません。私が早朝、林園に入ると、蓮華のなかにこの娘が生まれていたのを見つけ、それで私が養育して、自分の娘にしたのです。（婬女である）私をもってこの娘を軽視しないでください。この娘は六十四芸をことごとく備え、女のたしなみ、技術、経書、医学など、すべてに通暁《つうぎょう》しています。常に（心に）慚愧《ざんき》を懐き、内心は忠実で素直、嫉妬心もなく、邪淫への想いもありません。私の娘の徳儀（能力と行儀）はこのようなものです。太子は必ず娘を受け入れるべきです」と。

徳主太子はこれに答えて、娘に次のように語りかけました、「娘よ、私は無上なる最高の覚り（阿耨多羅三藐三菩提《あのくたらさんみゃくさんぼだい》）への心を発し、菩薩道を修行し、愛惜するところはなく、国の財産や妻子、象馬《ぞうめ》、七つの珍宝を求索《ぐしゃく》されれば、その人の意には逆《さから》いません。もしあなたが産んだ男女の子、あるいはあなたの身体を人が求めることがあれば、私は布施することになるでしょう。これに憂悔《ゆうげ》を生じないでください。ある時はあなたを捨てて出家して、仏弟子となり、山藪《せんそう》に浄居《じょうご》することもありますが、あなたはまた悲しまないでください」と。

喜徳はこれに答えて言いました、「たとえ地獄の業火がやって来て、我が身を焼きつくそうとも、決して後悔などいたしません。私はまた淫欲や戯れの楽しみのために、好むのではありません。私もまた無上なる最高の覚り（阿耨多羅三藐三菩提）を勧助し、真実を求める人（正士）にお仕えするのです」と。

娘はまた太子に申し上げました、「私は昨夜、夢で妙日身仏が道樹（菩提樹）の下で坐っておられるのを見ました。一緒に往《おもむ》いてそれを観てみましょう」と。

太子は娘の端正な姿と、仏が出現するという二つの因縁をもって、ともに一台の車に乗って、一緒に仏のところに詣《もう》でたのでした。仏は彼らのために説法され、太子は無量陀羅尼門《むりょうだらにもん》を得て、娘は調伏《じょうぶく》の志を得ました。その時太子は、五百の宝華で仏を供養し、無上なる正しい覚り（阿耨多羅三藐三菩提）を求めました。

太子は父王に次のように申し上げました、「私は妙日身仏を見て、大きな善利を得ました。」父王はこの言葉を聞いて、愛着を持ち、大切にしている物を捨てて太子に与え、彼の家臣や国内の人民とともに仏のところに詣でました。仏は彼らのために説法され、王は〝一切の法について無闇燈《むあんとう》という陀羅尼《だらに》〟を得ました。

その時、王は、「白衣《びゃくえ》の法によって国土を統治し、五欲を享受しながら道を得ることなどできはしない」と思惟《しゆい》しました。この思惟をなし終わって、徳主太子を王に立てて、(自らは)出家し道を求めました。この時、太子には(満)月の十五日に六宝*2がやって来て、妻の喜徳は宝女に変身しました。これは『不可思議経』の中で広く説いているものです。このような因縁のために、善男子、善女人というのは、世々に菩薩の父母、妻子、眷属になろうと願っていたのを知るのです。

(巻三十五、大正三一六ページ中段～三一七上段、干潟本「徳主太子本生　喜徳女因縁《きとくにょいんねん》」)

*1　徳主太子本生は『華厳経』(『六十華厳』巻五十六、『八十華厳』巻七十五、『四十華厳』巻二十八～二十九)に述べられる。

*2　転輪聖王が所持する七種の宝物(七宝)とは、輪宝、象宝、馬宝、珠宝、女宝、居士宝、主兵臣宝をいうが、ここでいう六宝とは、この七宝のうちの女宝を除いた六種の宝のことを指す。転輪聖王の七宝については、『長阿含経』(六)「転輪聖王修行経」や、『中阿含経』(五八)「七宝経」(六〇)「四洲経」などに説かれている。

『大智度論の物語㈠』内容

大智度論の物語㈠　内容

大智度論の物語㈡　内容

渡辺章悟（わたなべ・しょうご）

1953年　群馬県生まれ。
1977年　法政大学（文学部哲学科）卒業。
1983年　東洋大学大学院（文学研究科・仏教学専攻）、博士課程満期退学。
現　在　東洋大学文学部教授、博士（文学）。
著　書　『梵蔵漢　法華経原典総索引』（共編）、『大般若と理趣分のすべて』、『大乗経典解説事典』（共編）、『金剛般若経の研究』、『般若経の思想』ほか。

大智度論《だいちどろん》の物語《ものがたり》㈢　第三文明選書24

2023年2月1日　初版第1刷発行

著　者　渡辺章悟《わたなべしょうご》
発行者　大島光明
発行所　株式会社 第三文明社
東京都新宿区新宿 1-23-5　郵便番号　160-0022
電話番号　03(5269)7144　（営業代表）
03(5269)7145　（注文専用ダイヤル）
03(5269)7154　（編集代表）
URL　https://www.daisanbunmei.co.jp/
振替口座　00150-3-117823

印刷・製本　中央精版印刷株式会社

ISBN 978-4-476-18024-4

第三文明選書／既刊

- 法華玄義(上)(中)(下)　菅野博史訳注
- 法華文句(Ⅰ)〜(Ⅳ)　菅野博史訳註
- 一念三千とは何か ―『摩訶止観』正修止観章　菅野博史
- マハーバーラタ(上)(中)(下)　C・ラージャーゴーパーラーチャリ　奈良毅・田中嫺玉訳
- 詩集　草の葉　ウォルト・ホイットマン　富田砕花訳
- 『ギーター』書簡　ガンディー　森本達雄訳・森本素世子補訂
- ジャータカ物語(上)(下)　津田直子
- トルストイの生涯　藤沼貴
- 天台大師の生涯　京戸慈光
- 摩訶止観(Ⅰ)　菅野博史訳註
- 大智度論の物語(一)(二)　三枝充悳
- 創価教育法の科学的超宗教的実験証明　牧口常三郎　古川敦訳注

〈レグルス文庫〉

- ラーマーヤナ(上)(下)　河田清史
- 仏法と医学　川田洋一
- 唯識思想入門　横山紘一
- 中国思想史(上)(下)　森三樹三郎
- 牧口常三郎　熊谷一乗
- 価値論　牧口常三郎
- ガンディーの生涯(上)(下)　K・クリパラーニ　森本達雄訳
- 中論(上)(中)(下)　三枝充悳
- 愛と性の心理　高山直子
- 魯迅の生涯と時代　今村与志雄
- 精神のエネルギー　ベルクソン　宇波彰訳
- 内なる世界―インドと日本　カラン・シン　池田大作
- ギタンジャリ　R・タゴール　森本達雄訳
- 創価教育学入門　熊谷一乗

レグルス文庫／既刊

自我と無意識	C・G・ユング 松代洋一・渡辺学訳
思考と運動(上)(下)	ベルクソン 宇波彰訳
21世紀文明と大乗仏教	池田大作
わが非暴力の闘い	ガンディー 森本達雄訳
非暴力の精神と対話	ガンディー 森本達雄訳
よくわかる日本国憲法	竹内重年
舞え！HIROSHIMAの蝶々 ——被爆地からのメッセージ	創価学会青年平和会議編
平和への祈り——長崎・慟哭の記録	創価学会青年平和会議編
菊一文字	吉川英治
篝火の女	吉川英治
龍馬暗殺	早乙女貢
五稜郭の夢	早乙女貢
信教の自由と政治参加	竹内重年
食事崩壊と心の病	大沢博
生活に生きる故事・説話(インド編)(中国・日本編)	若江賢三 小林正博
生命文明の世紀へ	安田喜憲
ナポレオン入門	高村忠成
「人間主義」の限りなき地平	池田大作
調和と生命尊厳の社会へ	石神豊
ドストエフスキイと日本人(上)(下)	松本健一
魯迅——その文学と闘い	檜山久雄
現代に生きる法華経	菅野博史
教育の世紀へ	池田大作
トインビーとの対話	吉澤五郎
最澄と日蓮	小島信泰
地球平和の政治学	秋元大輔